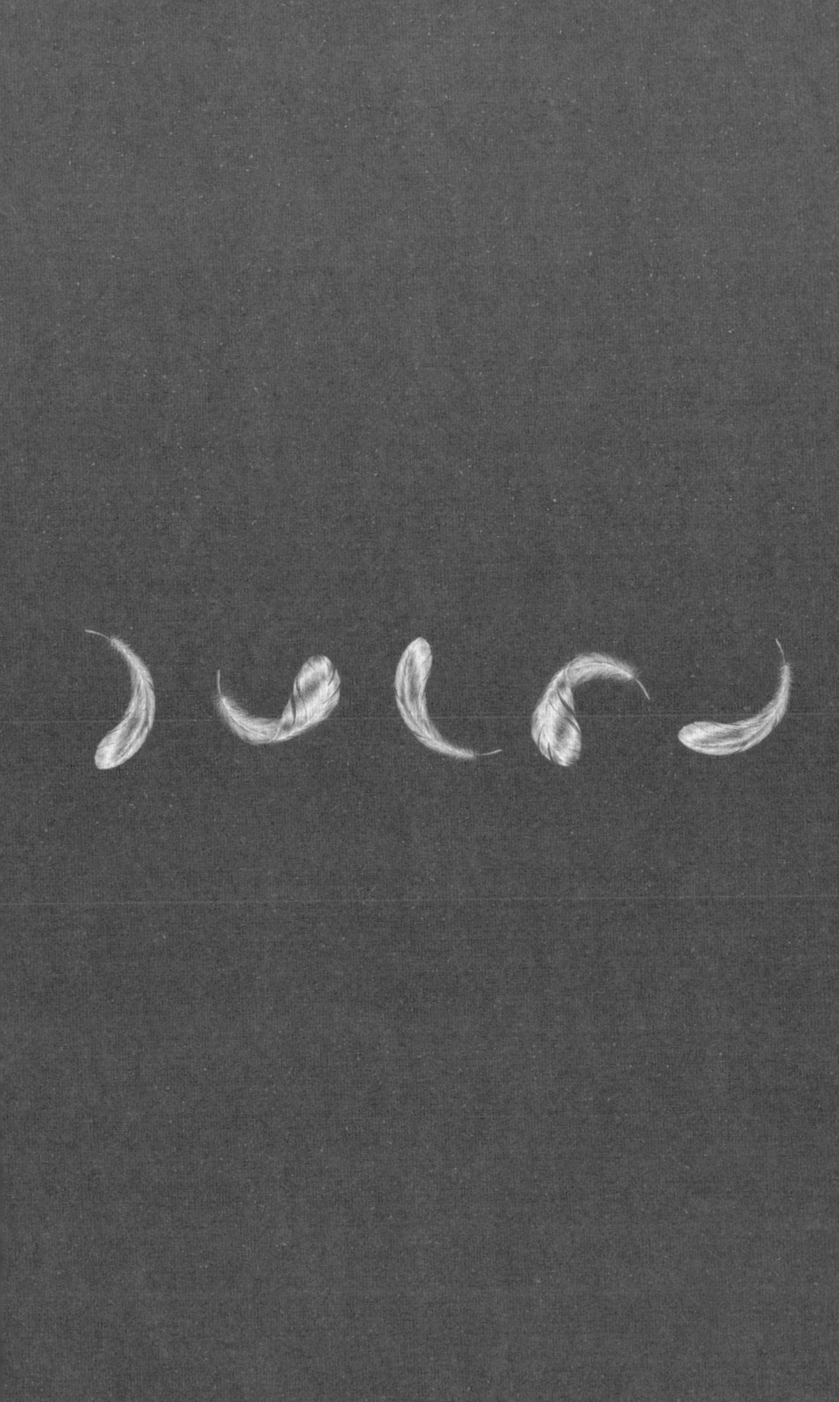

당신의 짐이 당신의 날개

당신의 짐이 당신의 날개

반칠환 시해설집

지혜

작가의 말

시를 쓰는 사람과 시를 살아가는 사람들이 있다.
그 사이에서 꽤 오래 시 배달을 해왔다.
《서울경제신문》'시로 여는 수요일'에 띄웠던
시와 해설 글 가운데 일부를 엮었다.
시가 선창이라면 후창하듯 답글을 붙였다.
고맙고 기분 좋은 독자들의 반향이 있었다.
시의 위기를 이야기하는 이들도 있지만
시적인 것은 사라지지 않는다고 생각한다.
삶은 그저 살아내는 것만으로는 부족하기 때문이다.

2026년 봄
반칠환

차례

2부

3부

4부

5부

1부

• 일러두기

페이지의 첫줄이 연과 연 사이의 띄어쓰기 줄에 해당할 경우 >로 표시합니다.

소풍

홍성란

여기서 저만치가 인생이다 저만치,

비탈 아래 가는 버스
멀리 환한
복사꽃

꽃 두고
아무렇지 않게 곁에 자는 봉분 하나

✻

여기서 저만치 사이 우리가 간다. 여기서 저만치 사이 꿈을 꾼다. 여기서 저만치 사이 일대사를 건다. 여기서 사랑을 하고, 저기서 전쟁을 한다. 사이사이 웃나가 운다. 피안행 버스인 줄 알지만 모두 차안에서 내린다. 비탈길 돌아가는 여기는 어디쯤일까? 우리가 살아 무겁게 여겼던 일은 정말로 무겁고, 가벼이 여겼던 일은 정말로 가벼운 것이었을까? 내가 꾸는 꿈속에 당신이 지나는가, 당신의 꿈속에 내가 지나는가? 복사꽃이 떨어져 땅바닥에 닿는 사이, 소멸한 별빛이 광년을 지나 이 땅에 닿는 사이, 어머니의 젖무덤과 대지의 흙무덤 사이, 여기서 저만치는 얼마나 짧고도 긴가?

밥

윤중목

밥은 사랑이다.

한술 더 뜨라고, 한술만 더 뜨라고
옆에서 귀찮도록 구숭거리는 여인네의 채근은
세상 가장 찰지고 기름진 사랑이다.

그래서 밥이 사랑처럼 여인처럼 따스운 이유다.
그 여인 떠난 후 주르르륵 눈물밥을 삼키는 이유다.

밥은 사랑이다.

다소곳 지켜 앉아 밥숟갈에 촉촉한 눈길 얹어주는
여인의 밥은 이 세상 최고의 사랑이다.

*

아홉 줄 짧은 시 한 편 밥상머리에 두 여인이 앉아 있다. 연신 경상도 사투리로 구시렁거리며 한술만 더 뜨라고 주문을 외는 앞의 여인은, 효도를 기다릴 새 없이 떠나간다는 그 여인일 것이다. 다소곳 지켜 앉아 밥숟갈에 촉촉한 눈길 얹어 주는 뒤의 여인은 검은머리로 만나 파뿌리로 가는 동행일 것이다. 더운밥 먹을 땐 더운 줄 모르지만, 집 나와 찬밥, 눈칫밥, 소금밥, 주먹밥, 객짓밥, 혼밥 먹노라면 저 두 여인의 밥이 한 없이 그리울 것이다. '밥'이라는 글자에 공기 두 개가 보인다. 엄마 밥, 아내 밥. 배고픈 'ㅏ' 모음이 입 벌려 먹고 있다.

갈대

백창일

나는 연약하나
너를 기다릴 수 있다
강안개가 내리고
바람이 불어와도
나는 연약하나
너를 또 보낼 수 있다
그렇게 비가 내리고
찬바람이 불어와도
나는 연약하나
너를 기다리며
저녁노을이 되리니
새벽 눈이 내리고
네 가슴이 얼어붙어도
너를 위하여
강물이 되리니

✻

거센 바람이 굳센 나무를 부러뜨리고 갔으나 연약한 너는 거뜬히 허리를 폈다. 무서운 물살이 두둑한 둑을 무너뜨리고 갔으나 연약한 네 뿌리를 떠내려 보내지 못했다. 떠나면 보내주고, 돌아오면 맞아주니 속없다 수군거린 사람들아, 진실로 강한 것이 강하고 연약한 것이 연약하더냐. 지금 저 갈대의 머릿결을 빗겨주는 부드러운 바람, 발목을 씻겨주는 잔잔한 물살이 그 때 그 사자 같은 폭풍과 이무기 같은 폭우였다는 걸 아느냐. 으르렁 떠난 것들 가르릉 돌아오리.

눈보라 퀵써비스

김희업

휘날리는 것은 살아 있지
입에 풀칠을 하려면 움직여야 하고
달라붙는 유혹을 피해
노선마저 변경해야지
죽음만이 정지시킬 수 있는
고요한 속도
빠르게 달린다면 섬마을까지 도착할 테고
어디든 폭삭 주저앉지 말고 가야지
목적지 이탈하지 않으면 그것으로 임무 완수
갓길 만들어가며 죽도록 달려가지
바람은 야멸차게 살갗 물어뜯으며
무서운 속도를 재촉하지
바람을 등에 업고
빠르고 경쾌한 음악을 하염없이 배달하지
위험한 안부를

*

눈은 땅이 모락모락 피워 올린 안개 편지에 대한 하늘의 답장이다. 눈보라는 겨울 주민에게 쏟아지는 문자 폭탄이다. 모두를 파묻어 버리지만 저 눈석임물을 마시고 봄 생명은 깨어난다. 얼어붙은 길을 달리는 퀵 서비스는 위험하나 멈출 수 없다. 나에게서 너에게로 가고, 네게서 내게로 오는 생명의 안부이기 때문이다. 바람은 싸워야 할 적군이자, 등 밀어주는 우군이다. 위험한 안부일수록 반가운 것은 뜨겁게 관통했기 때문이다.

만항재

박현수

만항재에서 고한으로 내려오는 버스였다
처녀가 운전기사에게 가서 무어라 속삭였다
귓불까지 빨갛게 달아 있었다
거울에 버스기사의 눈웃음이 얼핏 비치었다
바람 센 길모퉁이에 버스가 멈추었다
처녀는 버스 뒤로 가서
들풀들 사이에 치마를 펼쳐놓고 주저앉았다
쑥부쟁이며 구절초, 각시취, 엉겅퀴 사이로
익모초 같은 머리카락만 흔들렸다
이윽고 쑥쓰러운 표정으로 처녀가 버스에 올랐다
몸이 단 들꽃 향기도 우르르 올라탔다
버스가 고한버스터미널에 다 와 가건만
남정네들은 처녀의 오줌소리에 푹 빠져서 나오지 못하였다

그때부터 만항재 들꽃에는 오줌냄새가 나곤 했다

*

난데없이 치마를 둘러쓴 쑥부쟁이며 구절초며 각시취며 엉겅퀴는 어리둥절했을 것이다. 갑자기 뜨거운 기운이 끼치자 몸서리도 쳤을 것이다. 하지만 버스가 떠나고 나자 때 아닌 횡재에 깔깔깔 웃으며 저물도록 수다를 떨었을 것이다. 처녀가 남기고 간 더운 힘이 복더위 물리치는 보양이 되었을 것이다. 가으내 꽃 색은 더욱 짙고, 향은 멀리 풍기었을 것이다. 비염을 앓던 늙은 멧돼지는 그 향기에 코가 뻥 뚫렸을 것이다.

누구세요
김혜수

칠순 넘긴 며느리가
구순 시어머니 빤스를 갈아입힌다
다리를 절뚝이며
칠순의 어머니가 할머니와 씨름한다
그 광경을 지켜보는 내 이마에
식은땀이 다 난다
귀 어두운 건 피장파장
빌어먹을
하루종일 귀청이 터지도록
소리 질러가며 승강이다
빤스 하나 갈아입히는 것도 전쟁이다
한바탕 일 치르고 나서
눈이 어두워져 돋보기 끼고 신문 보는 손녀를
물끄러미 바라보며
누구세요?
이제 막 눈을 뜨고 세상 구경 나온 것 같은
저 눈동자

✻

인생은 경력만으로 안 되는 걸 보여 주는 것이다. 빤스 갈아입기 경력 구십년 차인 시어머니를 빤스 갈아입기 경력 칠십년 차인 며느리가 도와주니 청출어람 청어람이다. 어쩌면 세상만사 빤스 갈아입듯 수월한 일 없다는 걸 온몸으로 보여 주는 것인지도 모른다. 손녀에게 '누구세요?'라고 묻는 것은 얼마나 큰 질문인가. 두 분의 빤스 갈아입기 전쟁 관망한 걸 책망하는 게 아닐 거다. 살수록 아득한 삶과 알수록 캄캄한 앎의 심연에 놓인 당신, 그리고 우리는 진정 누구인가?

씨앗
김추인

이것은
꽃의 압축파일이다

감 씨를 반으로 따개면
흰 배젖에 감싸여 오뚝 서 있는
고염나무 한 그루
내 아기집 속에 있던 1mm의 아기
초음파 영상 같은

감 씨 속엔
감나무의 숨겨진 전생이 있다
감나무로 성형되기 전
고염나무였다는 DNA

단감을 먹고 씨를 심어보면 안다

✻

콩 심은 데 콩 나고, 팥 심은 데 팥 나지만, 감 씨를 심으면 고염나무가 된다고 한다. 집개가 풀려나면 들개가 되듯 감나무 또한 쉬 길들여지지 않는 야생의 기억을 지니고 있는 듯하다. 감 씨를 세워 어금니 사이에 끼우고 딱 깨물면 두 조각으로 갈라진다. 어린 배가 삽자루처럼 오뚝하다. 저 여린 날로 두터운 흙 천장을 뚫고 나가 늘늘늘 거대한 감나무가 될 것이다. 거대한 감나무는 가을마다 몽몽몽 손톱만한 감 씨로 들어갈 것이다. 생명의 압축파일 만들기와 풀기는 초록지구별에서 누천 년 일어나는 기적이다.

나비
손동연

봄이
찍어 낸
우표랍니다

꽃에게만
붙이는
우표랍니다

✲

우편배달부가 도시의 골목골목 막다른 곳까지 찾아가듯, 오지 산골의 외딴집까지 부릉부릉 찾아가듯 저마다 사연 있는 곳, 저마다 할 말 있는 꽃들이 콜록콜록 두근두근 밤새 쓴 편지마다 저 팔랑 우표가 찾아간다. 남보란 듯 피어난 꽃, 남몰래 피어난 꽃을 기어코 찾아간다. 눈보라를 뚫고, 개똥을 들추고, 비바람에 찢겨도 오늘 다시 피워 낸 꽃의 주소로 찾아간다. 곳곳이 젖고 얼고 말랐어도 '곳'을 '꽃'으로 바꾼 이라면 어디든지 너울너울 찾아간다. 네 아픔으로 빚은 향기를 곳곳마다 꽃꽃마다 전하고야 만다.

사랑
박소유

마흔에 혼자된 친구는 목동에 산다
전화할 때마다 교회 간다고 해서
연애나 하지, 낄낄거리며 농담을 주고받다가
목소리에 묻어나는 생기를 느끼며
아, 사랑하고 있구나 짐작만 했다
전어를 떼로 먹어도 우리 더 이상 반짝이지 않고
단풍잎 아무리 떨어져도 얼굴 붉어지지 않는데
그 먼 곳에 있는 너를 어떻게 알고 찾아갔으니

사랑은 참, 눈도 밝다

*

시인 예이츠는 '와인은 입으로 들어오고, 사랑은 눈으로 들어온다. 그것만이 우리가 알아야 할 진실의 전부이다'라고 말했다. 최초의 생명체가 이기적인 유전자만 만들고, 사랑을 발명하지 않았다면 엄혹한 생명의 계주는 시나브로 그치고 말았을 것이다. 사랑은 얼마나 눈이 밝은지 아무리 외진 곳의 한 송이 꽃도 찾아내고야 만다. 민들레나 꽃다지 같은 로제트 식물은 한겨울에도 납작 엎드려 잎을 펴고 봄을 기다린다. 사랑은 참, 눈도 밝아 기어이 낮은 포복으로 다가가 꽃을 피워낸다. 가녀린 두해살이풀의 겨울사랑도 저렇거늘 어깨와 어깨를 겯어 백만 포기 천만 포기 아스팔트 로제트들이 앉았던 꿈의 주소마다 어찌 장엄한 봄이 찾아오지 않겠는가?

채와 북 사이, 동백 진다

문인수

지리산 앉고,
섬진강은 참 긴 소리다.

저녁노을 시뻘건 것 물에 씻고 나서

저 달, 소리북 하나 또 중천 높이 걸린다.
산이 무겁게, 발원의 사내가 다시 어둑어둑
고쳐 눌러앉는다.

이 미친 향기의 북채는 어디 숨어 춤추나.

매화 폭발 자욱한 그 아래를 봐라.

뚝, 뚝, 뚝, 듣는 동백의 대가리들.
선혈의 천둥
난타가 지나간다.

*

너는 혼군의 고막을 울릴 목청을 지녔으나 스스로 소리 지르지 못하고, 나는 불의를 참지 못하는 주먹을 지녔으나 펼쳐 논 생계가 옹기전이렷다. 답답한 냉가슴과 갑갑한 어깨가 긴 겨울 광장에서 만나니 한눈에 통하였겠다. 백두대간 골짜기마다 백 가지 눈물 지닌 사람들 나와 채를 휘두르니 둥, 둥, 둥~ 마른 고막에 단비 같은 소리울음 들어온다. 화무십일홍이요 권불십년이라. 우리 모두 채와 북 사이 한 생이거늘, 뚝뚝 지고 나면 사랑밖에 무엇 남으리.

어처구니

마경덕

나무와 돌이 한 몸이 되는 것은
어처구니없는 일,

근본이 다르고
핏줄도 다른데 눈 맞추고
살을 섞는다는 것
아무래도 어처구니없는 일

한곳에 붙어살며 귀가 트였는지,

벽창호 같은 맷돌
어처구니 따라
동그라미를 그리며 순하게 돌아간다

한 줌 저 나무
고집 센 맷돌을 한 손으로 부리다니

참 어처구니없는 일

*

근본은 목석木石이라도 한 몸이 되어 돌아간다. 시어미와 며느리, 성도 다르고 친정도 다르지만 어처구니 맞잡고 빙글빙글 한 집안을 돌린다. 콩가루가 쏟아진다. 불린 두부콩이 흘러넘친다. 지역도 다르고, 학벌도 다르고, 핏줄도 다른 백 가지 성씨 지닌 사람들 오천 년 손때 묻은 어처구니 맞잡고 한 나라를 돌린다. 빙글빙글 순하게 돌며 고소한 깨 내음 구수한 잣 내음 풍긴다. 누가 어처구니를 빼어 사사로이 아궁이 불쏘시개로 쓰는가?

그

정희성

저 벼락을 보았느냐
결코 죽지 않을 것처럼 살던 그가
살았던 적이 없는 사람처럼 죽었다

*

저 꽃을 보았느냐, 결코 지지 않을 것처럼 붉던 꽃이 피었던 적이 없는 것처럼 졌다. 저 공룡을 보았느냐, 결코 사라지지 않을 것처럼 쿵쾅거리던 그들이 살았던 적이 없는 것처럼 사라졌다. 저 별을 보았느냐, 결코 꺼지지 않을 것처럼 밝던 별이 빛났던 적이 없는 것처럼 꺼졌다. 꽃이 열흘 붉고, 공룡이 삼백 년 살고, 별이 수억 년 빛난들 무한한 우주시간 속 모두 벼락이 아니겠는가? 그럼에도 꽃은 피어서 꽃이었고, 공룡은 쿵쾅거려서 공룡이었고, 별은 빛나서 별이었다. 내일 가뭇없이 사라지더라도 우리는 오늘 더욱 우리가 되는 수밖에!

농담 한 송이

허수경

한 사람의 가장 서러운 곳으로 가서
농담 한 송이 따서 가져오고 싶다
그 아린 한 송이처럼 비리다가
끝끝내 서럽고 싶다
나비처럼 날아가다가 사라져도 좋을 만큼
살고 싶다

*

누가 한 사람의 가장 서러운 곳에 가서 농담 한 송이를 따올 수 있겠는가? 깊은 수렁에 빠진 사람이 엷은 미소를 띠고 말하는 농담은 어찌 '한 송이'가 아니겠는가? 그 한 송이의 근원이 슬픔일진대 아리고, 비리지 않을 수 있겠는가? 기쁨은 함께 하기 쉽지만 슬픔은 나누기 어렵다. '끝끝내 서럽고 싶다'는 말은 네 슬픔을 잊지 않겠다는 뜻이다. 너를 슬픔의 격류에 놓아두고 나 홀로 기쁨의 징검돌을 건너지 않겠다는 뜻이다. 저 시인은 고고학자이기도 했다. 저이가 발굴한 것은 지층 속 유물 몇 점이 아니라, 인간의 심층에 깃든 슬픔의 유허인 것처럼 보인다. 언령言靈이란 이런 것일까? 저이는 얼마 전 슬픔의 바다를 건너 나비의 소실점으로 사라져 버렸다.

소주 한 병이 공짜

임희구

막 금주를 결심하고 나섰는데
눈앞에 보이는 것이
감자탕 드시면 소주 한 병 공짜란다
이래도 되는 것인가
삶이 이렇게 난감해도 되는 것인가
날은 또 왜 이리 꾸물거리는가
막 피어나려는 싹수를
이렇게 싹둑 베어내도 되는 것인가
짧은 순간 만상이 교차한다
술을 끊으면 술과 함께 덩달아
끊어야 할 것들이 한둘이 아니다
그 한둘이 어디 그냥 한둘인가
세상에 술을 공짜로 준다는데
모질게 끊어야 할 이유가 도대체 있는가
불혹의 뚝심이 이리도 무거워서야
나는 얇고 얇아서 금방 무너질 것이란 걸
저 감자탕 집이 이 세상이

훤히 날 꿰뚫게 보여줘야 한다

가자, 호락호락하게

*

'감자탕 드시면 소주 한 병 공짜' 군더더기 없는 카피 아니우? 말만 들어도 군침 돌고 뱃속에 여치가 찌르르 울지 않수? 주렴 밀치며 들어오는 모습 호기롭던데 호락호락한 거였군. 때론 얕은 게 깊은 것이요. 호락호락하고, 물렁하고, 귀 얇고, 마음 약한, 꼭 나 같은 당신 덕에 주변 사람들 마음 1도쯤 오르고, 딱딱한 세상 근엄한 사람들도 조금쯤 물렁해지지 않겠수? 잠깐! 문구를 잘 읽어 보시우. '감자탕 드시면' 소주 한 병 공짜! 빈속에 강술 먹지 말란 말씀. 자, 새로운 금주를 위해 건배!

느릅실 할머니와 홍시

신광철

인생이 짐이라고
아니야, 사랑이야
인생은 홑이불 같이 가볍기도 하지만
비에 젖은 솜이불 같기도 한 거야
등이 굽었지만 앞산보다는 덜 굽은
진천 느릅실 할머니가 장작을 나르며 말했다
인생은 마음먹기에 달렸지
인생을 등에 지면 짐이 되고
가슴으로 안으면 사랑이 되는 거야
짐이 홑이불처럼 가벼워지지
농익은 홍시가 떨어지고 있었다
석양에는 홍시의 붉은 기운이 남아 있었다

자식도 등에 지면 짐이지만
자식을 가슴으로 안아봐
하나라도 더 주고 싶고
안타까워 내 뼈 부서지는 것도 모르지

고생이 오히려 고마울 때가 있지
그것이 사랑 아니겠어

*

저런, 느릅실이라고 해서 먼 마을 이야긴 줄 알았더니 우리 마을 이야기구만요. 아니, 제 고향이 느릅실은 아니고 중고개라는 마을인데요. 저 할머니 안다니까요. 쇠죽갈고리 같은 허리로 장작 안고 가는 저 분 말이요. 쪼그려 앉아 나물 다듬을 때면 무릎이 귀를 넘던 그 분 말이요. 알다마다요. '늬들 고생하며 큰 거 생각하믄 머리카락 하나 빠지는 것도 아깝다'던, 돌아가신 우리 어머니가 바로 그 분이요. 아, 진짜 진천 느릅실 할머니 이야기라구요? 어쩌면 세상에 없는 우리 어머니가 도처에서 목격되고 있을까요. 모든 어머니는, 어머니로군요.

2부

누가 더 깝깝허까이

박성우

강원도 산골 어디서 어지간히 부렸다던 암소를
철산양반이 단단히 값을 쳐주고 사왔다
한데 사달이 났다 워워 핫따매 워워랑께,
내나 같은 말일 것 같은데
일소가 아랫녘 말을 통 알아듣지 못한다
흐미 어찌야 쓰까이, 일소는 일소대로 갑갑하고
철산양반은 철산양반대로 속이 터진다
일소를 판 원주인에게 전화를 넣어봐도
돌아오는 대답은 저번참과 똑같단다
그 소, 날래 일 잘했드래요

*

척 보니, 못 알아듣는 게 아니구 못 알아듣는 척하는 거네유. 맴이 나빠서가 아니유. 서럽구 그리운 거유. 어지간히 부렸다믄서 전 주인이 팔아먹었으니 서럽구, 비얄밭 갈면서 무른 뼈 굳은 강원도 산천이 그리운 거라. 짐승이야 말귀보다 눈친데 그 까짓 워워, 이랴! 전라도 사투리 모를까. 고삐만 당기지 말고 맴을 살살 당겨 봐유. 쇠죽에 강원도 감자 듬뿍 넣어 주다가 차츰 전라도 고구마로 바꿔 봐유. 입맛 따라 정든다니까. 윽박지르지 말고 쓰다듬어 줘유. 맴 가는 데로 몸 간다니까. 일소야, 너두 자꾸 일 안 하고 버티면 위험햐. 요즘 젊은 소도 직장 댕기는 소가 흔치 않다. 덜컥 소 장수 부르면 워쩔껴. 전라도 땅이야 무르고 판판해서 을매나 좋으냐. 운동하는 셈 치구 일 햐. 나이 들수록 근력이 필요하댜. 로마 소가 말했댜. '카르페 디엠!' 어제는 잊고 오늘에 정 붙여. 철산양반 안달복달하는 거 보니 칙한 양빈이여.

먼저 가는 것들은 없다
송경동

몇 번이나 세월에게 속아보니
요령이 생긴다 내가 너무
오래 산 계절이라 생각될 때
그때가 가장 여린 초록
바늘귀만 한 출구도 안 보인다고
포기하고 싶을 때, 매번 등 뒤에
다른 광야의 세계가 다가와 있었다

두 번 다시는 속지 말자
그만 생을 꺾어버리고 싶을 때
그때가 가장 아름답게 피어나보라는
여름의 시간 기회의 시간
사랑은 한 번도 늙은 채 오지 않고
단 하루가 남았더라도
우린 다시 진실해질 수 있다

*

세월은 언제나 속일 준비가 되어 있다. 아주 평범한 날에도 아침신문은 가슴 아픈 사건이거나 새로 밝혀진 속임수들로 대서특필된다. 세월은 늘 허방을 파 놓고 기다린다. 꺾고 싶은 꽃은 절벽 위에, 따고 싶은 별은 어둠 속에, 품고 싶은 사랑은 맹목 위에 세워놓는다. 진실과 도덕과 아름다움은 대개 외롭고 높고 쓸쓸하다. 세월은 아무리 하찮은 생에게도 그 날 치 베고 잘 근심 베개 하나쯤 마련해둔다. 다만, 아무리 속여도 속일 수 없는 것을 저이는 말하고 있구나. 세월은 언제나 깨우칠 준비가 되어 있다.

나팔꽃

이용헌

나팔꽃 줄기를 따라 내려가면

거기,

아무도 몰래 지어놓은

지하방송국이 있다.

세상 밖 전하고픈 깜깜한 소리들을

향기와 빛깔로 바꾸어 송출하는

벙어리지하방송국이 있다.

✻

저 지하방송을 즐겨듣는 사람들은 울타리마다 알록달록 스피커를 올린다. 빨랫줄을 가야금 줄처럼 2층까지 길게 매어 도, 레, 미, 파, 솔~ 소리 계단을 만들기도 한다. 이슬 맺힌 얇은 스피커에서 '아침의 영광'이라는 시그널 뮤직이 울려 퍼지면 사람들은 비로소 잠에서 깨어 하루를 시작한다. 수백 개의 스피커라도 향기로 바뀐 음악은 청각을 상하게 하지 않고 마음 고요하게 해준다. 굳이 소리를 캐러 꽃잎 갱도에 들어간 꿀벌 광부들은 아침 꿀 한 잔에 취한 채 하루라도 천 년 같은 시간을 얻어오곤 한다.

한 점 해봐, 언니

김언희

한 점 해봐, 언니, 고등어회는 여기가 아니고는 못 먹어. 산 놈도 썩거든, 퍼덩퍼덩 살아 있어도 썩는 게 고등어야, 언니, 살이 깊어 그래, 사람도 그렇더라, 언니, 두 눈을 시퍼렇게 뜨고 있어도 썩는 게 사람이더라, 나도 내 살 썩는 냄새에 미쳐, 언니, 이불 속 내 가랑이 냄새에 미쳐, 마스크 속 내 입 냄새에 아주 미쳐, 언니, 그 냄샐 잊으려고 남의 살에 살을 섞어도 봤어, 이 살 저 살 냄새만 맡아도 살 것 같던 살이 냄새만 맡아도 돌 것 같은 살이 되는 건 금세 금방이더라, 온 김에 맛이나 한번 봐, 봐, 지금 딱 한철이야, 언니, 지금 아님 평생 먹기 힘들어, 왜 그러고 섰어, 언니, 여태 설탕만 먹고 살았어?

✽

솔직한 내 동생, 살의 깊이와 삶의 깊이를 다 알았구나? 꽃길만 걸었으면 했더니 두엄 길도 걸어봤구나? 산 채로 썩는 사람도 보고, 스스로 썩어도 보았구나? 썩는다는 것 슬프지만, 그걸 인정하는 것만큼 정직한 일도 없지. 바락바락 나는 안 썩었다고 외치는 사람 치고 냄새 안 나는 사람 없더라. 방부제를 넣고, 진공포장을 하고, 죽어서도 미라가 되어 산 것을 떠미는 안 썩는 것들이 문제더라. 살아서 펄펄 뛰다가 죽어서 군말 없는 고등어의 불립문자를 닮을 수 있다면, 한 점 아니라 두 점 먹을게. 꿈의 물질 DHA가 듬뿍 들어 성인병에도 좋고, 치매에도 좋다며?

큰 거짓말

박재연

야! 죽는 게 궁금하다
만구에 어째라는 건지 당최 모르겠다

아마 꽃가마가 당도할걸?
보고 싶은 사람들이 나래비로 죽 서서 가마에 태우고 구름 위로 사뿐 날아갈 거야

으하하하………그렇다면 오죽 좋겠냐

그렇다니까, 내 말을 믿어요

어머니 떠나실 때
압축파일 주머니에 큰 뻥 하나 넣어드렸다

*

시인이 뺑치시니 한 뺑 쳐볼까? 나는 사실 도둑이다. 어느 날 우주를 훔쳤다. 둘 곳을 궁리하다 눈꺼풀 곳간에 넣어두었나. 봐라, 내가 눈꺼풀 셔터를 내리면 사라지고, 올리면 나타난다. 그러니까 이 우주는 내꺼다. 소박한 시인의 뺑으로 돌아가 보자. 죽으면 보고 싶은 사람들이 마중나와 가마에 태워간다는 저 말은 사실이다. 그렇지 않다면 누가 죽겠는가? 생전에 불편한 자리라면 용수철처럼 일어서던 아랫집 아저씨가 있었다. 사십 년째 꽃상여 타고 가서 돌아오지 않는 걸 보면 어지간히 재미난 곳이 틀림없다. 큰 뺑은 뺑이 아니다. 사람은 빵만으로 살 수 없어 뺑치며 산다.

봄날은 간다
박현

월출산 그늘을 지날 즈음
은밀한 달이 발목을 잡아
지친 몸 뉘러 들어간 여각
베니어합판 꽃무늬 너머
수줍은 소리 들리네

사부작사부작
벚꽃이 피네

몸이 연주하는 화음에 취한
부끄러운 새벽이 실눈 뜰 무렵
짐 챙겨 여각 앞을 나서려 보니
세상을 다 얻은 청춘이
연분홍 치마를 홍얼거리네

우르르우, 르, 르………
벚꽃이 지네.

✻

바위도 꿈틀 엉덩이 고쳐 앉는 봄 아니던가요? 삭정이도 울끈 힘쓰고 보는 봄 아닌가요? 아흔 고개 넘는 할머니 볼에도 복사빛 일렁이는 봄 아닌가요? 허름한 여각 삐걱거리는 마루가 걱정스러웠지만, 왕벚나무호텔 수만 개 꽃방에는 이미 벌과 나비로 다 찼던 걸요. 단단한 블록벽인 줄 알았는데 베니어합판이었군요. 성능 좋은 울림판이었군요. 서툰 연주였지만 최선을 다했어요. 봄우물에 꽃잎 붙은 달님이 창 너머 속삭이더군요. '봄 사랑 없이 어찌 여름 염천을 건너리. 찰나의 사랑도 없이 어찌 영겁의 우주를 건너리.'

화장을 한다

장인수

벚꽃 구경 간다고
89세의 할머니
이빨은 없고 잇몸만 남은 입술에
화장을 한다.
뚝! 떨어진 동백이 땅에서 더욱 붉고 곱게 피어 있듯
화장품을 바른다.
23살의 손녀 화장품을 빌려서
검버섯 위에
곱게 바른다.
꽃에게 이쁘게 보여야지.
그 뜻을 아는지
벚나무들은
잠시 빌린 허공의 무대를
환히 채운다.
향기로 채우고
색깔과 빛을 공연하면서
잠시나마
세상을 환히 밝힌다.

✻

딸아, 할머니 입술 닿은 립스틱 닦아내며 툴툴거렸지? '누가 봐준다고 주책이야. 꽃에게 이쁘게 보이겠다구요? 저 패기 좀 보소!' 빈정거렸지? 임마의 스무 살 화장법도 그랬단다. 나보다 못난 이에게 으스대는 거였지. 동백섬 가서 보았단다. 떨어진 꽃이 더 선명하더구나. 밟히면서도 웃더구나. 젖을수록 붉더구나. 뽐내는 화장법이 아니라 섬기는 화장법이더구나. 벌나비에게도 이쁘게 보이고, 짐승에게도 이쁘게 보이고, 저 가는 저승길도 밝히는 그런 화장법이더구나.

차가운 사랑

정세훈

차가운 사랑이
먼 숲을 뜨겁게 달굽니다
어미 곰이 애지중지 침을 발라 기르던
새끼를 데리고 산딸기가 있는 먼 숲에 왔습니다
어린 새끼 산딸기를 따 먹느라 어미를 잊었습니다
그 틈을 타 어미 곰
몰래 새끼 곁을 떠납니다
어미가 떠난 곳에
새끼 혼자 살아갈 수 있는 길이 놓였습니다
버려야 할 때 버리는 것이
안아야 할 때 안는 것보다
더욱 힘들다는 그 길이
새끼 앞에 먼 숲이 되어 있습니다
탯줄을 끊어 자궁 밖 세상으로 내놓던
걸음마를 배울 때 잡은 손을 놓아주던
차가운 사랑이
먼 숲을 울창하게 만듭니다

*

밤낮으로 먹이를 물어다주던 어미 새가 야멸차게 떠나는 걸 본 적 있다. 마른 젖가슴 파고드는 새끼 고양이에게 날카로운 이빨 드러내며 쫓아내는 어미 고양이를 본 적 있다. 아들딸 수십 명씩 까맣게 틀어박혀 있는 단칸방을 수류탄처럼 터트리는 봉숭아를 본 적 있다. 나는 자전거 짐받이를 잡아주던 형이 슬그머니 손을 놓아버린 뒤 지금껏 혼자서 달리고 있다. 손잡아 준 힘으로 걸음을 배우지만, 손 놓아 준 믿음으로 혼자 걷는다. 인생 팔십에 삼십 년씩 자식 손 놓지 못하는 어떤 호모 사피엔스들로선 이해하기 어려운 차가운 이야기다.

밥그릇을 씻으며
성명진

한 끼 분인
밥그릇 속이 깊다

밥 한 그릇이면
슬픔을 면하고
죄 짓는 일을 피할 수도 있겠지
요만한 깊이라면
발을 헛디뎌 넘어질 만한
함정이 될 수도 있겠다

나는 힘들게 살아가는 자라
밥그릇 속에 주먹을 넣어 본다
아니다
손을 펴 밥그릇을 씻어준다

톡,
두드려 주기도 한다

*

밥 한 그릇 버느라 애써 본 사람은 알 것이다. 밥이 하늘인 것을. 슬픔을 겪어본 사람은 알 것이다. 결국 울면서 떠 넣은 밥심으로 다시 일어선다는 것을. 죄 짓지 않으려 망설여본 사람은 알 것이다. 밥이 함정인 것을. 텅 빈 밥그릇 속에 주먹을 넣어 다시 채울 것을 생각하다가, 한 끼 채워준 것이 고마워 씻어주고, 두드려주는 사람아! 가난이 찬란도 하여 흐린 세상이 다 비치는구나.

어떤 경우
이문재

어떤 경우에는
내가 이 세상 앞에서
그저 한 사람에 불과하지만

어떤 경우에는
내가 어느 한 사람에게
세상 전부가 될 때가 있다

어떤 경우에도
우리는 한 사람이고
한 세상이다.

*

이 세상 앞에 그저 한 사람에 불과한 사람들이 모여든다. 그저 한 사람에 불과한 사람들의 그림자가 위태롭게 일렁거린다. 그저 한 사람에 불과한 사람을 세상 전부로 아는 사람들이 숨죽여 바라본다. 그저 한 사람에 불과한 사람이 잘못되면 그를 세상 전부로 믿는 사람들이 우르르 무너질 것이다. 한 사람이 한 세상이니 한 사람에 불과한 사람은 한 사람이 아니다. 한 사람이 한 사람을 부축하는 것은 한 세상이 한 세상을 부축하는 것이다.

문자 메시지
권숙월

자주 가는 서점에서 문자 메시지가 왔다 "보고싶은오빠책들어왔습니다" 늦은 봄 뜬금없이 "선생님"으로 호칭하던 아줌마가 "오빠"라고 하다니 퇴근길에 서점에 들르니 문자 메시지 보낸 아줌마는 자리에 없고 다른 아줌마가 "심쿵하진 않으셨어요?" 계산대에 책을 올리며 공기방울 같은 웃음을 날린다 김언희 시집 『보고 싶은 오빠』 집에 오기 바쁘게 표제 시를 보았다 색깔 있는 시를 보는데 또 문자 메시지가 왔다 "보고싶은오빠책가져가셨네요"

*

심쿵했느냐는 물음에 냉큼 아니라고는 말씀 못 하신 모양이군요. 왜 안 그렇겠어요. 봄바람 불 때 얼마나 많은 '선생님'이 '오빠'가 되었겠어요. 키득키득 웃음으로 눙치는 사람들 솔찮은 걸요. 하필 시집 제목이 '보고 싶은 오빠'여서 생긴 일이지만, 저 문자 좀 수상쩍긴 해요. "보고싶은오빠책가져가셨네요"라는 문자는 긴요한 것은 아니었잖아요? 띄어쓰기를 무시한 것도 참 끈끈해 보이고요. 며칠 뒤에 "보고싶은오빠책다읽으셨어요?"하고 문자 오면 위험해요. 단골서점을 바꾸든지, 오빠가 되든지 결심해야 할 것 같네요.

점등
엄재국

호박꽃 활짝 열린 콘센트에

벌이 플러그를 꽂는 순간

온 세상 환합니다

넝쿨넝쿨 잎사귀

푸르게 푸르게 밝습니다

겨울, 봄, 여름…… 점멸하는 거리

울타리 세워 담장 세워

저 멀리 가을까지 닿은 전선에

늙은 호박 골골이 환합니다

*

호박인 줄 알았는데 등이었구나. 울타리에, 전선에 연등처럼 주렁주렁 달렸구나. 여름내 뜨거운 햇살 푸른 잎 깔때기로 모아 살뜰히도 충전하였구나. 물과 이산화탄소면 족한 줄 알았는데 플러그가 필요했구나. 꽃은 호박꽃이라도 임이 다녀가셨구나. 단 한 번 사랑의 기억만으로도 늙은 호박 골골이 환하구나. 평생 발목을 똥거름에 담갔어도 호박죽은 다디달구나. 부기 오른 산모 일으켜 긴 겨울 건네주겠구나.

빰의 도둑

장석남

나는 그녀의 분홍 빰에 난 창을 열고 손을 넣어 자물쇠를 풀고 땅거미와 함께 들어가 가슴을 훔치고 심장을 훔치고 허벅지와 도톰한 아랫배를 훔치고 불두덩을 훔치고 간과 허파를 훔쳤다 허나 날이 새는데도 너무 많이 훔치는 바람에 그만 다 지고 나올 수가 없었다 이번엔 그녀가 나의 붉은 빰을 열고 들어왔다 봄비처럼 그녀의 손이 쓰윽 들어왔다 나는 두 다리가 모두 풀려 연못물이 되어 그녀의 빰이나 비추며 고요히 고요히 파문을 기다렸다

*

뉴기니의 바우어 새 수컷은 신방을 꾸미고 또 꾸며 암컷을 유혹하느라 잠시도 쉴 틈이 없다. 마침내 암컷이 스윽 창을 열고 들어오면 그녀의 굴뚝 빛 뺨에 난 창을 열고 손을 넣어 자물쇠를 풀고 들어간다. 심장을 훔치고 아랫배를 훔치다가 그만 너무 많이 훔치는 바람에 저를 꼭 닮은 유전자를 남기고 나온다. 짐을 옮길 때는 다리가 풀리면 안 되지만 사랑을 할 때는 다리가 풀려야 제 맛이라고. 사랑, 모든 걸 다 훔치거나, 모든 걸 다 잃거나! 지금 당신의 뺨을 열고 스윽~.

첫사랑
서정춘

가난뱅이 딸집 순금이 있었다
가난뱅이 말집 춘봉이 있었다

순금이 이빨로 깨뜨려 준 눈깔사탕
춘봉이 받아먹고 자지러지게 좋았다

여기, 간신히 늙어버린 춘봉이 입안에
순금이 이름 아직 고여 있다

*

가난해서 순금이, 추워서 춘봉이. 이름만이라도 금빛이요, 봄빛으로 지은 건 아니었을까. 오죽한 살림, 여북한 이름들에도 첫사랑은 깃드는구나. 가난해서 찬란한 건가, 가난해도 찬란한 건가. 말똥 내음 진동해도 향기롭더니, 칠십 년 녹여먹다 사랑니 무너진 자리에도 고여 있구나. 덩달아 꿀꺽 침을 삼켜도 당신 입안에 새로 고이는 이름 하나 있다면 알 수 있을 것이다. 가을 녘 찬 서리에도 단풍이 홍조 띤 까닭을.

내 마음의 밭

문동만

텃밭엔 강낭콩을 심으리
자줏빛 콩밥에
아버지가 아무리 가난해도
올려주었던 갈치살을 발라주리

밤에 호박이 자라는 소리
달빛이 사립문에 걸터앉아 속삭이는 소리
문풍지에 울리던 바람이 나란히 누운
발가락 몇십 개를 간지럽히고

일어나고 싶지 않으면 좀더 누워도 되는 아침
된장국이 숯불 위에 끓고
아 부르는 소리 어머니가 아내가 아이들이

야이 게으른 이야
밥이나 먹고 배나 좀 덥고 주무시렴 하는 소리

*

허름한 농가주택이라도 텃밭이 딸린 집을 얻어야 하리. 토종 강낭콩 씨앗을 어렵게 찾아야 하리. 쌀밥을 물들이던 그 자줏빛을 찾아야 하리. 밥술에 올려 주던 그 갈치 맛을 구해야 하리. 호박 자라는 소리를 듣기 위해 텔레비전을 꺼야 하리. 달빛을 보기 위해 전등을 꺼야 하리. 문풍지를 위해 현대식 이중창호를 들어내야 하리. 무엇보다, '일어나고 싶지 않으면 좀더 누워도 되는 아침'을 위해 도시문명에 사표를 내어야 하리. 오~ 지나간 미래처럼 어른거리는 '마음의 밭'이여, 어서 찬물로 꿈을 감고 넥타이 조르며 '몸의 밭'으로 출근해야 하리.

3부

야크의 꿈

우대식

나는 첩첩이 우랄산맥의 야크였다가
첩첩이 돈황의 바람이었다가
첩첩이 화장터 위의 구름이었다가
첩첩이 애비를 버리고 떠나기도 하였다
또 첩첩이 天葬의 독수리였다가
첩첩이 한 꽃나무이기도 했다
첩첩이 떠나는 한 여자였으며
한 남자이기도 하였다
내 발길은 더러 허공의 길마저도
밟을 수 있을 것 같았다
저 절벽의 길을 걸어
첩첩한 발바닥의 무늬로
첩첩이 집으로 가는 길이었으며
첩첩이 집을 떠나는 길이었다

*

나는 첩첩한 우랄산맥 야크가 뜯는 풀잎이었다가, 첩첩한 돈황의 바람이 내던지고 가는 낮달이었다가, 첩첩한 화장터 위 구름이 뿌리는 눈물이었다가, 첩첩이 자식을 떠나보낸 애비였다가, 첩첩한 하늘무덤의 별빛 묘지석이었다가, 첩첩한 한 포기 들꽃이기도 했다. 첩첩이 나는 한 마리 나비였으며, 그 뒤를 좇는 한 마리 주린 새이기도 하였다. 내 발길은 더러 허공을 밟고, 더러 물 위를 걷고, 더러 땅위를 달리기도 했다. 나는 첩첩이 너를 만나러 가는 길이었으며, 첩첩이 너를 떠나오는 길이었다.

절간 이야기 31

조오현

어느 날 아침 게으른 세수를 하고 대야의 물을 버리기 위해 담장가로 갔더니 때마침 풀섶에 앉았던 청개구리 한 마리가 화들짝 놀라 담장 높이만큼이나 폴짝 뛰어오르더니 거기 담쟁이넝쿨에 살푼 앉는가 했더니 어느 사이 미끄러지듯 잎 뒤에 바짝 엎드려 숨을 할딱거리는 것을 보고 그 놈 참 신기하다 참 신기하다 감탄을 연거푸 했지만 그 놈 청개구리를 제題하여 시조 한 수를 지어 볼려고 며칠을 끙끙거렸지만 끝내 짓지 못 하였습니다 그 놈 청개구리 한 마리의 삶을 이 세상 그 어떤 언어로도 몇 겁劫을 두고 찬미할지라도 다 찬미할 수 없음을 어렴풋이나마 느꼈습니다.

*

어느 날 풀섶에 앉아 아침 기도를 하던 참이었습니다. 어느 스님이 대야의 물을 끼얹으려는 바람에 화들짝 놀라 담장 높이만큼이나 폴짝 뛰어올라 담쟁이넝쿨에 살푼 앉는 척하다가 미끄러지듯 잎 뒤에 바짝 엎드려 숨을 할딱거리고 있었지요. 평생 배포 있게 숨 길게 쉬자던 각오를 오늘도 못 지켰습니다. 그런데 그 스님 물 대야 비우는 것도 잊고 신기하다 신기하다 중얼거리는 것이었습니다. 천둥 벼락에도 눈썹 하나 까딱 않는 대웅전 목불 석불 놓아두고 이렇게 숨 할딱거리는 축축한 즘생이 뭐가 신기하다고 시조를 짓느라 며칠씩 끙끙거리다니요. 저도 고마운 마음에 답가를 지으려 했지만 그 어떤 청개구리 언어로도 쉬 지을 수 없어 그저 우리네 전통시가인 '개골가'를 여름내 부르고 있을 뿐입니다.

이것도 없으면 너무 가난하다는 말

이현승

가족이라는 게 뭔가.
젊은 시절 남편을 떠나보내고
하나 있는 아들은 감옥으로 보내고
할머니는 독방을 차고앉아서

한글 공부를 시작했다.
삼인 가족인 할머니네는 인생의 대부분을 따로 있고
게다가 모두 만학도에 독방 차지다.
하지만 깨칠 때까지 배우는 것이 삶이다.
아들과 남편에게 편지를 쓸 계획이다.

나이 육십에 그런 건 배워 뭐에 쓰려고 그러느냐고 묻자
꿈조차 없다면 너무 가난한 것 같다고
지그시 웃는다. 할머니의 그 말을
절망조차 없다면 삶이 너무 초라한 것 같다로 듣는다.

*

세상 모든 물건은 있으면 있고, 없으면 없는 것이 자명하지만, 꿈은 없음으로 있는 것이다. 신은 인간의 없음을 추궁하여 벌을 주려 하지만, 인간이 없음을 있음으로 삼을 때 그 계획은 실패로 돌아간다. '이것도 없으면 너무 가난하다는' 할머니는 '이것'으로 삶의 불을 지핀다. 모든 것을 가져도 '이것'이 없다면 그의 삶은 빛을 잃을 것이요, 많은 것이 없어도 '이것'을 가진 이는 설렘으로 내일을 맞을 것이다. 당신에게 '이것'은 무엇인가?

버스 잠깐 신호등에 걸리다

이면우

큼직한 손바닥에 상추 펼치고 깻잎 겹쳐 그 위에 잘 익은 살코기 얹고 마늘 된장 쌈 싸 한입 가득 우물대는 사내 보는 일 그것 참 흐뭇하오 맑은 술 한 잔 약봉지 털듯 톡 털어 넣고 마주 앉은 이에게 잔 건네며 껄껄대는 사내 보는 일 역시 흐뭇하오 그 곁에 젊은 여자, 호 불어 넣어준 제 아이 오물대는 입을 그윽한 눈빛으로 지켜보고 있었소.

유리벽 이쪽에서 나도 저리 해보리라 마음먹은 저녁은
신호등 떨어진 네거리처럼 무수히 흘러갔소.

*

커튼 내리는 걸 깜빡했어요. 신호등 걸린 잠깐 동안 유심히도 보셨군요. 알았어도 달려가 쌈 한 입 건네어드리긴 어려웠겠죠? 진정어머니는 솥뚜껑 같은 사윗감 손바닥 마냥 찮아 하셨죠. 소도둑까진 되지 않더라도 자기처럼 평생 쉰 일 하며 살 거라 말씀하셨죠. 그래도 황소 같은 눈빛 좋아 결혼했죠. 큼직한 손바닥이 한 밑천이구말구요. 지금 온 가족이 그 위에 올라앉아 있는 걸요. 낮에는 손금 계곡마다 땀방울 굽이쳤겠지만 지금은 시원한 냇물 졸졸 흐르죠. 저녁상이 늘 이런 건 아니에요. 오늘은 그이가 묵은 일당 받은 날이죠. 밖으로 새어나간 짧은 우리 행복 흐뭇하게 보셨다니 다행이네요. 다음에도 커튼을 치지 않아도 될까요? 남의 행복에 선뜻 눈 마주치지 못하는 슬픔도 있을 거거든요.

떨어진 단추 하나
이준관

해질 무렵,
운동장을 가로질러 가다가
떨어진 단추 하나를 보았지.

그래, 그래, 우리는
노는 일에 정신이 팔려
이렇게 단추 하나 떨어뜨리지.

그래, 그래, 우리는
노는 일에 정신이 팔려
서쪽 하늘에 깜빡, 해를 하나 떨어뜨리지.

*

아이들은 아이들 대로 어른들은 어른들 대로 저마다 무언가를 하느라 정신이 팔려 하루에 하나씩 해를 떨어뜨린다. 일 년 열두 날 마침내 삼백예순나섯 개째 차례로 떨어뜨리면 한 해가 저문다. 아이들은 노는 일에 정신이 팔려 고작 단추나 떨어뜨리지만, 어른들은 무엇에 정신이 팔려 무엇을 떨어뜨렸을까? 단추 하나야 다시 달면 되지만 절대로 떨어뜨리면 안 되는 소중한 걸 떨어뜨리고도 깨닫지 못하고 있는 건 아닐까? 저만 모르게 앞섶 훤히 열어젖힌 채 근엄한 표정 짓고 있는 건 아닐까?

한 통에 천 원

이덕규

뒤늦은 재혼 단체맞선 자리처럼 재래시장 구석 노점에 일렬횡대로 늘어선 끝물 수박통들

꼭지가 말라비틀린

그 시들시들한 얼굴들을 이리저리 굴려보던 중년의 여인들이 얼결에

무작위로

황혼의 짝을 찾아 들고 가듯이

덜렁덜렁

소복이 부은 손아귀를 파고드는 나일론 끈에 매달려가는 머리통이 문득, 면목 없다

*

비록 숱 하나 없는 대머리일지라도 한 통에 천 원이면 그게 어디유? 자식들 눈치 보랴, 재산 보랴, 체면 보랴 여간 어려운 일 얼설에 살 치렀수. 봐유, 문 헐사 사식들 서로 나와 새 아버지 받아 모시지 않수? 저런! 아들은 가운뎃손가락 구부려 딱밤을 멕이고, 손주는 다짜고짜 손바닥으로 찰지게 이마를 쳐도 둥글둥글 웃으니 분명 어느 성현의 수제자가 총각 장가온 게 틀림없수. 꼭지는 말랐어도 겉은 푸른 기상이요, 속은 붉은 태양 머금고 있다우. 황혼 결혼에 운수대통하겠수. 그런데, 나일론 끈처럼 옥죄던 노름꾼 술꾼 바람꾼 신랑 다 견디고도 저 무던한 양반과 백년해로는커녕 전 남편과 의기투합 식탁 단두대에 올리는 까닭을 나는 단연코 모르오.

신발에 대한 경배

김경윤

늙은 신발들이 누워 있는 신발장이 나의 제단이다.
탁발승처럼 세상의 곳곳으로 길을 찾아다니느라
창이 닳고 코가 터진 신발이 나의 부처다.

세상의 낮고 누추한 바닥을 오체투지로 걸어온
저 신발들의 행적을 생각하며 나는
촛불도 향도 없는 신발의 제단 앞에서
아침저녁으로 신발에게 경배한다.

그 제단 앞에서 고개를 숙이고 합장하는
나는 신발의 行者,
신발이 끌고 다닌 그 수많은 길과
그 길 위에 새겼을 신발의 자취들은
내가 평생 읽어야 할 경전이다.

나를 가르친 저 낡은 신발들이 바로
갈라진 어머니의 발바닥이고

주름진 아버지의 손바닥이다.

이 세상에 와서 한평생을
누군가의 바닥으로 살아온 신발들,
그 거룩한 생애를 생각하며 나는
아침저녁으로 신발에게 경배한다.

*

머리 위에 신이 있고, 발밑에 신이 있다. 하나는 이끌고, 하나는 받쳐준다. 신과 신 사이 사람이 간다. 신발은 자서전이다. 걷고 뛰고 차고 미끄러지며 새긴 흔적이 그 사람의 생애요, 이력이요, 알리바이요, 업경이요, 블랙박스다. 또각또각 뚜벅뚜벅, 하루도 신과 신의 보살핌 받지 않은 날 없다. 살금살금 비칠비칠, 하루도 신과 신 사이를 벗어날 수 없다. 인간은 세로쓰기다. 신 괄호 열고, 사람 넣고, 신 괄호 닫고. 들키려 해도 들키고, 들키지 않으려 해도 들키는 당신, 오늘은 신을 이고 신을 딛고 경쾌한 춤을 출까요?

내가 만난 사람은 모두 아름다웠다

이기철

잎 넓은 저녁으로 가기 위해서는
이웃들이 더 따뜻해져야 한다
초승달을 데리고 온 밤이 우체부처럼
대문을 두드리는 소리를 듣기 위해서는
채소처럼 푸른 손으로 하루를 씻어놓아야 한다
이 세상에 살고 싶어서 별을 쳐다보고
이 세상에 살고 싶어서 별 같은 약속도 한다
이슬 속으로 어둠이 걸어들어갈 때
하루는 또 한번의 작별이 된다
꽃송이가 뚝뚝 떨어지며 완성하는 이별
그런 이별은 숭고하다
사람들의 이별도 저러할 때
하루는 들판처럼 부유하고
한 해는 강물처럼 넉넉하다
내가 읽은 책은 모두 아름다웠다
내가 만난 사람도 모두 아름다웠다
나는 낙화만큼 희고 깨끗한 발로

하루를 건너가고 싶다
멀어져서도 향기로운 꽃잎의 말로
내 아는 사람에게
상추잎 같은 편지를 보내고 싶다

*

당신이 읽은 책이 모두 아름다운 것은, 당신의 독법이 아름다웠기 때문일 것이다. 당신이 만난 사람이 모두 아름다운 것은, 당신이 아름답게 대했기 때문일 것이다. 가족들 돌아온 저녁을 위해 더 따뜻해야 했고, 초승달 걸린 밤하늘 한갓지게 내다보기 위해 하루 일과를 성실히 마쳐야 했을 것이다. 당신은 삶을 사랑하지만 이별을 완성이라 여긴다. 모두 꽃의 만개에 환호할 때, 당신은 허공을 딛는 낙화의 발을 본다. 내가 만난 세상이 모두 아름다웠다면 나 또한 아름다운 자이다.

버려진 전화기

권예자

그녀가 하는 일은
남의 말 들어 주는 일
남의 말 전해 주는 일
듣고 본 것 많아도 입 다물고
시앗 여럿 보아도 시샘하지 않았지
사람들은 슬프거나 기쁘거나
들뜨고 화가 나도 그녀를 찾았지
들어 주는 일로 평생을 소일하다
청력을 잃은 어느 날
그렇게 들고나던 사람들이
아무도 그녀를 찾지 않았지
주인은 죄 없는 그녀를 패대기치더니
쓰레기통에 던져버렸지
하지만 그녀는 버림받고 나서야
난생 처음 자유로운 존재가 되었지

복지 시설에 여생을 의탁한
이웃집 그 여자

✻

누구라도 알 것 같은 저 여자. '슬프거나 기쁘거나 들뜨고 화가 나'서 내뱉는 어떤 말도 들어주던 사람. 공기 같고 물 같아서 가까이 보살펴 줄 때는 모르다가 잃고 나서야 소중한 줄 알게 되는 사람. 뒤늦게 머리 주억거리며 글썽이게 하는 사람. '버려진 전화기' 말고도 '새 전화기'처럼 지금 내 곁에 있는 그 여자. 엄마, 누이, 아내, 바로 당신!

농담

김중일

지구상의 모든 사람이 동시에 울음을 터트린다면
바다의 수위는 얼마나 올라갈까
세상의 어느 낮은 섬 외진 모서리부터 차례로 잠길까
선잠 위로 차오르는 바다의 수위가
구름까지 닿으면 구름이 철썩철썩 파도처럼 부서질까
필요 이상으로 구름은 또 얼마나 많이 피어나
지구를 빈틈없이 모두 뒤덮고도 남아 우주로 새어나갈까
난민촌 밥 짓는 연기처럼 모락모락 새어나갈까
우주 밖으로 백기처럼 휘날릴까
구겨진 백지처럼 버려질까
지구상의 사람 누구든 펑펑 울음을 터트리고야 말
방금도 일어난 잔혹하고 끔찍하며 슬픈 일이 우리 모두
에게
단 한 번만 공평히 동시에 일어난다면 어떨까
그러면 그 누구에 의해서든
두 번 다시는 그런 일이 일어나지 않을 텐데

*

기쁨과 슬픔은 한 몸에 세 들지만 시차를 두고 드나들어 서로의 얼굴을 알지 못한다. 그래서 내 기쁨이 네 슬픔을 잊는 동안, 네 슬픔은 내 기쁨을 미워한다. 한 시인이 말했다. '아무도 울지 않는 밤은 없다.' 우리가 웃고 즐기는 동안에도 '세상의 어느 낮은 섬 외진 모서리'는 젖고 있다. 생명의 역사에 '공평히 동시에 일어나는' 기쁨과 슬픔은 없다. 모두 동시에 아프고 동시에 기쁘다면 누가 내 아픔 보살피고, 네 기쁨 축하하겠는가. 하지만 슬픔이 늘 낮은 발목만 적시고 저만의 기쁨에 가슴이 사막일 때, 세상 모든 생명들이 한 날 한 시 울음 터트리는 눈물의 국경일 하나 갖고 싶다.

와불
강상기

일어나세요
종말 같은 세상 외면할 텐가요

천지개벽 기다리는 중생을
지치게 하지 마시고
어서 일어나세요

일어날 수가 없다네
왜 그렇죠?

내가 일어서는 날은
중생의 꿈이 사라지기 때문이라네

와! 불이십니다

*

처음엔 나도 벌떡 일어서려 했지. 아무리 돌부처라지만 어찌 중생의 아픔 모르겠는가? 석공은 이리도 큰 퉁방울 눈에 나팔 귀를 새겨놓지 않았나? 와서 비손하는 사연마다 아프지 않은 게 없더군. 천 년 면벽한 공력으로 세상을 바꾸리라! 그런데, 아무리 땅 짚고 일어서려 해도 안 되는 거야. 석공이 오금을 안 만들어놨더군. 천지개벽은커녕 내 불구도 어쩌지 못해 석공을 원망했지. 그런데 말일세. 이제는 석공의 뜻을 알겠네. 내게 온 사람들 소원 하나 들어주지 못해도 가는 걸음이 오는 걸음보다 거뜬하더군. 정갈하게 기도하던 제 손과 제 무릎으로 아파도 제 길 트며 가더군.

아내의 잠
장철문

누가 뭐라 하는 것도 아닌데
아내는
모로 누워 잠을 잔다
웅크려 잠든
아내의 잠은 혼곤하다
잠든 아내와 함께
아내의 피로도
함께 누워 쉬고 있다
나의 삶도 저렇게 누워서
아내의 눈앞에
쓰러져 잠들 때가 있을 것이다
아마도 우리가 함께 하는 것은
그런 까닭일 것이다
이 혼곤함을
혼자 감당할 수 없다는 것을
우리가 아는 까닭일 것이다
아내의 아버지와

어머니의
사랑과 원망도
저기 저렇게 누워 있다
몇만 년의 유전이
저기 저렇게 함께 누워 있다
아마도
우리가 사랑하는 것은
그런 까닭일 것이다

*

천적들이 우글거리는 생명 진화의 역사에서 잠이라는 대책 없는 생리기제는 어떻게 존속해온 걸까? 지구상 가장 사나운 짐승이 24시간 중 8시간이나 잔다는 것은 얼마나 놀라운 일인가? 천하의 영웅도 눈꺼풀 하나 밀어 올릴 힘이 없어 일대사를 그르친 적이 얼마인가? 아마도 우리가 사랑하는 것은 강해서가 아니라 여려서일지도 모른다. 혼자 감당하기 어려운 네 피로에 내 혼곤이 겹치기 때문일 것이다. 가장 강한 무장은 신뢰라는 이름의 비무장이다. 잠이란 미더운 네게 두려운 나를 송두리째 맡기는 연습이다.

열여덟 복사꽃같이

성선경

아흔 살 할머니가 목욕탕에 갔는데
빨간 때밀이타월로 때를 미는데
여든 살 할머니가 옆에 와 앉았다.
남들이 보기에는 자매 같아서
다정히 자매 같아서 보기 좋았는데
빨간 때밀이 타월로 때를 밀다가
아흔 살 할머니가 옆을 보며 물었다.
거기는 올해 몇인기요?
여든 살 먹은 할머니는 부끄러워하며
올해 간당 팔십이라고 말하고
빨간 때밀이타월을 꺼내는데
아흔 살 먹은 할머니가 말했다.
그래 놓으니 새댁이 참 곱다.
여든 살 먹은 할머니는 빨간
때밀이타월을 들고 호호 웃는데
부끄러워하며 호호 웃는데
더운 김이 무럭무럭 호호 웃는데

아흔 살 먹은 할머니가
여든 살 먹은 할머니를 곱다 말하니
온 목욕탕에 더운 김이 무럭무럭
빨간 때밀이타월이 호호 웃는데
온 목욕탕이 호호 웃는데
거기는 올해 몇인기요?
열여덟 복사꽃이 환하게 폈다.

*

목욕 마치고 나온 아흔 살 할머니가 경로당에 들어서니, 백 살 할머니가 '그래 놓으니 새댁이 참 곱다.' 하지 않았을까? 창가에 삼백 살 먹은 느티나무가 백 살 복사꽃 보며 흐흐 웃지 않았을까? 지난 세월을 탄식하는 사람들아, 앞선 세월에게 우리는 아직 꽃이다. 천 년 나무도 해마다 늙지만 꽃조차 늙은 적은 없다. 살아 있는 건 모두 꽃이다.

사자는 짐을 지지 않는다

이영숙

낙타는 제 어미의 어미처럼
짐꾼 앞에 무릎 꿇고 등을 주지만

사자는 제 어미의 어미처럼
그 누구에게도 몸을 굽히지 않는다

채찍을 기억하는 낙타는
채찍 안에서 자유를 찾지만

정글을 기억하는 사자는 자신에게서 자유를 찾는다

낙타는 짐꾼을 기억하며 무릎을 꿇고
사자는 초원을 기억하며 무릎을 세운다

사자는 절대로 짐을 지지 않는다

*

채찍과 짐꾼을 기억하며 무릎 꿇는 낙타는 슬프다. 채찍은 아프고 짐은 무겁다. 초원을 기억하며 무릎을 세우는 사자는 자유롭다. 아무도 그에게 채찍을 휘두르거나 짐을 지우지 않는다. 낙타에서 사자 사이 당신은 지금 어디인가? 모든 사자가 주인이고, 모든 낙타가 노예인 것은 아니다. 짐을 싣고 가는 낙타가 더 가볍거나 사자의 빈둥이 더 무거울 수도 있다. 대지는 짐을 진 낙타와 짐 없는 사자를 다 지고 있지만 제가 지고 있는 짐의 무게를 느끼지 않는다. 당신의 짐이 당신의 날개인지도 모른다.

행성 E2015

이진우

이른 아침에 원시의 밥을 먹고
포스트모던하게 핸드폰을 들고
중세의 회사에 나가
근대적 논리로 일하다가
현대의 술집에서 한잔하고
본능의 잠을 자는 나날들
돌아보면 그저 그렇고 그런 습관들이
만들어내는 안정된 생활이
대사와 동작을 반복하는 코미디처럼 느껴질 때
한번쯤 돌아볼 일이다
월급 명세서 위에서 2차원 활자로 살아가는 자신이
11차원 우주를 뛰어 넘나드는 자연스런 시간과
상상 너머 공간 어디쯤 있어야 하는지
안정에 목숨 걸고 변화에 인색한 생명이
어느 행성에서 번성하는지
혹은 멸망하였는지

*

한 몸에 수많은 지층 연대가 들어 있구나. 오래된 시간은 퇴적층에 화석으로만 굳은 게 아니라 생생히 살아 움직이고 있구나. 내 안에 원시와 중세와 근대와 현대와 포스트모던이 뒤섞여 있구나. 때때로 반복되는 코미디 같은 일상은 시간과 공간, 차원의 불일치가 빚어내는 것이었구나. 그러나 균질한 시간이 어디 있으랴. 나무의 나이테에서 과거를 지우면 쓰러질 것이고, 올해 핀 저 꽃도 묵은 가지에서 나온 것이다. 오래된 것들은 안정을 원하고 새것들은 변화를 원한다. 안정과 변화 사이 꽃이 피고, 꽃이 진다.

4부

어미

정해영

기형적으로 자라버린 새끼 말, 생김과 덩치가 똑같다 어미와 구별이 어려워 며칠 밥을 굶기고 먹이를 내밀 때 먼저 입을 갖다 대는 놈이 새끼다

말로는 할 수 없는 빈 행간들이 지평선 위를 지나간다 보이지 않는 것을 굽어볼 수 없는 먼 눈, 목젖이 타들어가는 독초를 씹다가도 흘리거나 뱉지 못 한다 새끼가 다친다

평생 독한 것만 차지하던 어미가 아프다

*

'내리사랑은 있어도 치사랑은 없다'고 했던가. 함께 굶어도 먼저 숟가락 드는 게 새끼지만 아무도 그를 탓하지 않는다. 어미는 과거가 될 것이고 새끼는 미래가 될 것이기 때문이다. 거미 중의 어떤 것은 먹이가 부족할 때 새끼들에게 제 몸을 뜯어먹게 내어준다고 한다. 그것이 생명의 유구한 대물림 방식이다. 어미가 어미로 살아가는 길은 자식에게 다 말 할 수 없는 빈 행간 위에 서 있다. 목젖이 타들어가는 독초를 씹다가도 새끼가 다칠까봐 뱉지 못 하는 아픔은 새끼의 안전만으로도 보상을 받는다. 평생 독한 것만 차지하던 어미가 아프단다. 늘 약이 되는 것만 차지하던 새끼는 어디로 갔을까?

배시시
김정수

온 가족이 먹을 밥을 푼 주걱에 남아 있는 밥알을 입으로 떼어 먹다가 노모와 눈이 마주쳤다

아이스크림 속포장지에 묻어 있는 달달함을 혀로 핥아먹는데 어린 딸이 슬며시 옷깃을 잡아당겼다

사과를 깎다가
너무 두껍게 잘려 나간 속살을
이빨로 갉아 먹는 나를
물끄러미 바라보는
아내

사과 껍질처럼 둥글게 말린
쉰 하고도
겸연쩍은 눈빛 하나가
배시시 웃었다

✻

아들아, 기특해라. 쌀米 한 톨에 여든여덟 번 농부 손이 간다는 말 잊지 않았구나. 밥주걱 든 손 민망할 것 없다. 요즘 시상이야 바깥일 안일 구분 있더냐? 사위 설거지 하면 이쁘고 아들 밥 푸면 팔불출이라지만 나는 네가 꾹꾹 눌러 준 밥이 더 맛나더라.

아빠, 포장지 묻은 아이스크림이 왜 더 달까? 숟가락 드릴 테니 포장지 이리 줘요.

여보, 사과껍질은 근육도 키워주고 노화도 막아 준다지요? 우적우적 통째로 씹어 드셔요. 사과껍질처럼 둥글게 말린 당신 등 볼 때마다 가슴 아프지만, 나는 여전히 겸연쩍은 그 눈빛이 좋아요. 쉰이 넘어도 배시시 웃는 그 입 꼬리가 좋아요. 호탕한 허세보다 겸손한 섬김이 정말 좋아요.

브래지어

심언주

아오한치 신후이의 한 마을에 있는 최소한 1천 년 이상 된 요나라 무덤에서 황금색 실크 브래지어가 발굴됐다.

천 년을 넘도록 봉긋하게 솟아 있는 브래지어.

살이 썩고 뼈가 내려앉아 감각이란 감각들 고분고분 흙으로 돌아가고 나서도 홀로 눅눅한 구석에 배를 깔고 외롭다, 외롭다 일기를 쓰는 브래지어.
연애처럼 무덤 위에 새 풀이 돋고, 씨가 떨어지고 또 다른 풀씨들 날아와 부풀어 오르다 사그라지고 사그라지다 다시 팽팽해진다.

목단꽃잎 브래지어.
내 가슴을 천 년 후에 누가 힐끗 들여다본다.

*

한 시대 두근거리던 가슴은 사라지고 썩지도 못하는 황금색 브래지어만 남았구나. 늘 알맹이는 먼저 사라지고 껍데기만 오래 남는다. 매미는 사라져도 허물은 남고, 호랑이는 사라져도 가죽은 남고, 거북은 사라져도 등딱지는 남고, 명사는 사라져도 허명은 남고, 콜라는 사라져도 콜라병은 남는다. 오! 목단꽃잎 브래지어라니. 투두둑~ 순식간에 흩어지자 대지의 가슴이 출렁거린다. 젖무덤에서 무덤에 이르기까지, 새로 나온 아이들이 미끄러진다.

해동모텔을 지나며
선안영

홀딱 반한 길이 많다. 꽃이 많다. 말하던 중
봄 들판 한가운데 느닷없는 모텔이라니
추웠던, 아니 얼었던 세월아 자고 갈래?

자잘한 꽃단추가 많이 달린 블라우스
잘 채워진 단추들만 풀다가도 늙겠구나
지퍼의 질주본능의, 지름길을 모른 채

얼음의, 침묵의, 금기의 단정함으로
나는 나의 울음소리도 기억하지 못하는데
상처의 불안을 안고 손이 손을 잡는 봄

*

겨우내 씨앗처럼 잠들었던 투숙객들 모두 떠났죠. 쭉정이 같은 이불만 남았어요. 늦지 않았어요. 어서 퇴실해요. 속울음 참지 않아도 돼요. 직업상 비밀이지만 베개맡이 젖지 않은 손님 드물죠. 제 눈물이 저를 잠기게 할 즈음 상처와 불안은 발아를 돕죠. 망설이던 모든 생명들 한달음에 달려 나가 태양의 축제를 벌이죠. 초록 들판에 한들거리던 것들 꽃단추였군요. 호호, 단추 하나 풀지 못하는 바람은 바람이 아니죠. 그대도 못 이기는 척 옷깃을 맡겨 봐요. 틀림없어요. 꽃 진 상처마다 열매가 맺힌다니까요.

숟가락 키스
이종문

삼십 년 밥을 먹은 우리 공장 수저통에
숟가락 수백 개가 가지런히 꽂혀 있다
내 입에 서너 번씩은 들어가 본 수저다

귀여운 여직원의 입에 들락거리다가
아구통 날릴 놈의 그 입에도 들어갔던,
바로 그 수저를 들고 입에 밥을 넣는다

어? 가만! 그러고 보니 우리 공장 직원들과
혓가락 간접키스를 낱낱이 다 했나 보다
아구통 날리고 싶은 그 놈과도 말이다

*

욕하고, 떠들고, 침 튀겨도 내겐 열 입술이 한 입술이여. 굼벵이처럼 잘도 늘어났다 번데기처럼 잘도 오므라드네. 내 숟가락 혀가 안 들여다본 목젖 있을까? 다 허기진 창자와 연결돼 있더군. 배부르면 맘도 눅어지지. 그려 그려. 밥 한 술 떠 넣고, 국 한 술 떠 넣고, 허리 쭉 펴고 트림하면서 다시 일터로 가는 모습이 내 낙일세. 근데, 나만 카사노바 취급하진 말게. 방금 자네 코로 스읍 들어간 그 공기는 안 들어가 본 허파가 없다니까. 워뗘? 숨 안 쉴 텨?

꽃

이안

나비가 앉았다고 모두 꽃은 아니라네

개똥 위에 앉은 네발나비여,

똥 속에 숨어 사는 꽃도 있나니!

*

네발나비여, 곤충은 머리 가슴 배로 이루어져 있고, 다리는 세 쌍 여섯 개라는 건 유치원 다니는 처조카도 줄줄 외는데, 너는 겸손하기 이를 데가 없구나. 다리 두 개를 선뜻 진화의 조물주에게 반납한 것도 모자라 오늘은 꽃을 마다하고 개똥에 앉았구나. 어떤 사람들은 너를 '개똥 속에 숨은 꽃의 향기를 맡는 선지자'라 부르는구나. 어떤 사람들은 '예토가 정토고 눈물이 진주'라는 설법으로 읽는구나. 하지만 하늘을 날다가 가끔 땅에 내려앉는 네발나비야, 네발사람에서 두발사람이 된 호모사피엔스는 너처럼 겸손만이 목적은 아니었단다. 발바닥은 똥을 밟아도 손바닥은 꽃을 만지고 싶었단다. 우리는 아직도 똥은 구리고 꽃은 향기롭단다.

응

문정희

햇살 가득한 대낮
지금 나하고 하고 싶어?
네가 물었을 때
꽃처럼 피어난
나의 문자
"응"

동그란 해로 너 내 위에 떠있고
동그란 달로 나 네 아래 떠있는
이 눈부신 언어의 체위

오직 심장으로
나란히 당도한
신의 방
너와 내가 만든
아름다운 완성

>

땅 위에
제일 평화롭고
뜨거운 대답
“응”

*

'응' 한 글자에 생명의 근원인 해와 달과 우리가 딛을 지평선이 다 들어있구나. 그렇다면 국어대사전의 수십만 개 나머지 단어들은 '응'이라는 글자에 대한 주석인지도 모른다. '응'은 만물을 낳는 긍정의 체위다. '아니'라고 했으면 생명의 연쇄는 완성되지 못했을 것이다. 밥 먹을래? 응. 영화 볼래? 응. 청소할래? 응. 심부름할래? 응. 아래위 뒤집어도 바로잡아도 똑같다. 힘들여 입 열지 않아도 절로 새어나오는 '응'은 신뢰와 사랑의 언어이다. 오늘 우리 응? 응!

가을에서 겨울까지

김준태

사랑하라고
찬바람이 붑니다
서로의 시린 어깨를 부비라고

사랑하라고
나뭇잎들이 떨어집니다
서로의 시린 발등을 덮어 주라고

사랑하라고
더 먼 곳으로 떠나가서도 산들은
봉우리마다 흰 눈을 쌓아 올립니다
서로의 숨결과 얼굴을 잊을까 봐

사랑하라고
너 먼 곳으로 날아가서도 새들은
숲의 가지인들 쉬지 않고 날아갑니다
행여 노래가 흐르는 길 벗어날까 봐

>

마음과 향기
또한 슬픔에 바래질까 봐
잎 지는 가을에서 눈 나리는 겨울까지

아 사랑하라고
사랑하라고 찬바람은 불어오고 불어갑니다
두 눈에 흐르는 눈물도 별빛인 듯 반짝여 주면서!

*

화사한 꽃과 온화한 바람만이 사랑의 징표인 줄 알았는데, 바스락거리는 마른 잎과 살을 에는 찬바람이 사랑의 메시지라고요? 가을에서 겨울까지 세상은 빛깔을 잃고, 침묵에 빠져드는데요. 추울수록 당겨 앉으라는 말씀이군요. 외로울수록 어깨 겯으라는 말씀이군요. 사랑은 종교로군요. 꽁꽁 언 땅속에도 염천을 지필 초록불씨가 있다는 믿음이로군요. 암담할수록 '너머'를 내다보는 거로군요.

선운사 풍천장어집

김사인

김씨는 촘촘히 잘도 묶은 싸리비와 부삽으로
오늘도 가게 안팎을 정갈하니 쓸고
손님을 기다린다.
새 남방을 입고 가게 앞 의자에 앉은 김씨가
고요하고 환하다.

누가 보거나 말거나
오두마니 자리를 지킨다는 것
누가 알든 모르든
이십년 삼십년을 거기 있는다는 것

우주의 한 귀퉁이를
얼마나 잘 지키는 일인가.
부처님의 직무를 얼마나 잘 도와드리는 일인가.
풀들이 그렇듯이
달과 별들이 그렇듯이.

*

풍천장어는 오늘도 팔자를 그리며 미끄러진다. 몽당비 지느러미로 수족관 법당을 정갈하게 쓸고 손님을 기다린다. 단벌 먹물옷 입고 바닥에 누운 장어가 고요하고 환하다. 어떤 허기와 어떤 군침이 오든 오두마니 기다린다. 뜰채가 들어오면 최선을 다해 사양하지만 어떤 목숨도 인드라의 그물을 벗어날 수 없다는 것을 겸허히 증명해 보인다. 장어는 김 씨의 금고에 지폐를 몇 장 넣어주고, 손님의 원기와 눈빛이 되어 장어집을 나선다. 우주의 한 귀퉁이가 얼마나 든든한 일인가.

비밀

최영철

반찬거리 파는 할머니
조르지도 않았는데
주위 눈치 보며 얼른
새싹 몇 잎 더 넣어준다
할머니와 나만 아는 비밀
다른 사람 절대 알아선 안 되는
무슨 돌이킬 수 없는
불륜이라도 저지른 듯
콩닥콩닥 가슴이 뛰었다

*

저 할머니, 밀당의 달인 아닌가? 늙고 행색은 초라해도 중년 시인의 가슴을 콩닥콩닥 뛰게 하다니. 저 시인이 집으로 돌아가 아내에게 '덤을 얻었어.' 짐짓 무덤덤하게 털어놓더라도 저 비밀을 다 누설했다고는 할 수 없으리. 아내에게 '새싹 몇 잎'을 고스란히 내어놓더라도 저이가 받은 모든 걸 내어놓았다고는 말할 수 없으리. 그런데 사실 저 할머니, 우리 누구에게도 낯설지 않지. 천품이 이문보다 인정으로 흘러, 지갑보다 마음을 훔치는 진짜 선수들이 있지. 명절 때마다 뭐라도 하나 더 쥐어주지 못해 안달하는 우리네 할머니, 어머니 같은 사람들이지. 아무리 차가 밀려도 찾아가야만 할 콩닥콩닥 가슴 뛰는 비밀이 있지.

못, 준다

손현숙

연애 고수에게 비결을 물었더니 잘 주고받기란다 피구게임에서도 몸을 살짝 뒤로 빼면서 공을 받아야 하는 것처럼 주고받기만 잘하면 쇳덩이라도 가벼운 법이라는데,

나무껍질처럼 생긴 목수 아저씨 못 하나 입에 물고 한참을 중얼거린다 장미나무 찻장을 앞에 세워놓고 "꽃 줄게, 꽃 받아라" 문짝을 달랜다, 나무의 결 따라 못질 한다

심하게 어깃장 놓던 장미찻장이 거짓말처럼 부드럽다 못은 망치로 때려 박는 것이라는 고정관념이 깨지면서 당신아, 어쩌자고 우리는 몸을 주고받아 새끼를 나눠 갖게 되었을까

그나저나 눈 깜짝 새 방바닥에 쓰러져서 돌아가신 아버지 어디 가서 도로 몸을 받아 오나 너를 덜어 나를 채우는 여기, 꽃잠이 밀려와서 하품한다, 생글거리며 횡경막을 연다

*

받는 마음 뭉클하니 주는 마음 가뿐해라. 공 주고 공 받고, 명 주고 명 받으니 세상만사 주고받기에 달렸구나. '꽃 줄게, 꽃 받아라!' 옛날 백정은 소 잡는 망치를 '촛대'라 부르더니 오늘 저 목수는 못을 '꽃'이라 부르는구나. 평생 쇠붙이 연장 다루는 이의 말이 저리 아름다울까. 저이의 선배들도 수백 년 묵은 나무를 벨 때 '어명이오' 아뢰고, 응달에 말릴 때 '재운다' 하고, 뒤틀리면 '꿈틀거린다' 하고, 자귀질 깊으면 '다친다' 했으니 사람과 나무가 차별 없구나. 한 세계를 뿌리 깊게 떠받치던 생명과 모심의 말들은 어디로 갔는가?

명창
이정록

막 오줌을 가리기 시작한 돌배기 사내애가 바싹 마른 빈 우유갑에 작은 고추를 디밀어 넣고는 핏발 선 얼굴로 오줌을 갈기는데, 천지간에 그리도 유쾌하고 장대한 폭포소리라니, 새끼들 밥숟가락 부딪는 소리와 책 읽는 소리와 가문 논에 물 잡는 소리가 가장 듣기 좋은 소리라는데, 여기에다 이 오줌발 한자락을 더하니 드디어 완창이라 우유갑 속에 숨어 있던 그 어린 소리꾼의 새끼손가락만한 목젖을 한 번만이라도 볼 양이면 두 눈 두 귀가 확 터져서 세상 잡것들 모두 귀명창이 되는 것이렷다

*

저 장쾌한 폭포소리에 때 아닌 기상이변의 유월 우박, 벼락, 용오름마저 지워지는 듯하다. 단지 상상하는 것만으로도 낡은 고막이 열리고 슬며시 입 꼬리가 귓불에 걸리지 않는가? 해마다 어린 밥숟가락 줄고, 책 읽는 소리 줄고, 묵은 논바닥마다 아파트만 수북이 키를 재는데, 평생 주린 입술마다 젖줄 흘려주던 우유갑 보살이 입 벌려 받아먹는 폭포라면 얼마나 청정한 일급수겠는가. 하늘과 땅과 몸이 조화를 이룬 저 돌배기 사내애의 무죄스러운 창법에 시끄러운 세상 소식들 깨끗이 씻겨나갔으면 좋겠다. 물욕에 눈먼 세월 잡것들 저마다 가난한 귀명창 되었으면 좋겠다. 우리 모두 한때 천진한 명창 아니었던가?

앵두

고영민

그녀가 스쿠터를 타고 왔네
빨간 화이바를 쓰고 왔네

그녀의 스쿠터 소리는 부릉부릉 조르는 것 같고, 투정을 부리는 것 같고
흙먼지를 일구는 저 길을 쐥, 하고 가로질러왔네
가랑이를 오므리고
발판에 단화를 신은 두 발을 가지런히 올려놓고
허리를 곧추세우고,
기린의 귀처럼 붙어 있는 백미러로
지나는 풍경을 멀리 훔쳐보며
간간, 브레끼를 밟으며

그녀가 풀 많은 내 마당에 스쿠터를 타고 왔네
둥글고 빨간 화이바를 쓰고 왔네

*

버들눈썹, 마늘코 더불어 수백 년 내로라하는 한량들 애간장 녹이던 요염한 입술이더니, 종알종알 우물가 감언이설로 '입분이도 금순이도' 서울 상경 부추기던 근대화의 바람잡이더니, '믿어도 되나요 당신의 그 입술~' 물신주의의 허약한 맹세이더니, 어제는 빈집 울타리 마른 우물가 저 홀로 붉다 떨어지는 걸 보았네. 그런데 오늘 미스 김도 간판도 사라진 역전다방 터를 지나 단아한 신세대 아가씨 빨간 화이바 쓰고 돌아오셨네. 시인이여, 어서 뒷좌석 올라타시게. 고층빌딩 숲을 지나 네온 입술들 지나 저만치 우리네 고샅길에서 멀지 않은 오래된 내일 만나거든 브레끼 밟고 손짓해 부르시게. 호이호이 휘파람도 불으시게.

우물

이영광

우물은,
동네 사람들 얼굴을 죄다 기억하고 있다

우물이 있던 자리
우물이 있는 자리

나는 우물 밑에서 올려다보는 얼굴들을 죄다
기억하고 있다

*

개구쟁이가 빠트린 알사탕도 새색시가 빠트린 눈물도 온동네 사람 퍼다 마셨으리라. 할머니가 빠트린 달챙이숟가락이나 단봇짐 끼고 물마시던 처녀가 빠트린 은반지 하나쯤 아직도 품고 있으리라. '우물은, 동네 사람들 얼굴을 죄다 기억하고 있'지만 어떤 자랑도 어떤 허물도 결코 발설하지 않는다. 언제나 맑은 물 내어주지만 제 가슴바닥엔 미꾸리 한 마리에도 흙탕물 인다. 때로 퐁퐁퐁 웃고, 때로 송송송 운다. 낮은 우물 내려다보면 우리가 늘 하늘과 함께 있다는 걸 알 수 있다. 땅이 꺼질 것 같은 한숨, 무거운 어깨를 구름이 떠메어간다.

돼지와 봄밤

장옥관

돼지가 생각나는 봄밤이다 돼지감자가 땅속에서 굵어 가는 봄밤이다 시커먼 돼지들이 벚나무 아래를 돌아다니는
봄밤이다 하이힐을 신은 돼지
뻣뻣한 털로 나무 밑동을 자꾸 비벼대는 봄밤이다
미나리꽝엔 미나리가 쑥쑥 자라고
달은 오줌보처럼 팽팽하게 부풀어 오르고
여린 꽃잎은 돼지의 콧잔등을 때리고
깻잎머리 한 여중생들이 놀이터에서 침을 퉤퉤 뱉다가 돼지를 만나는 봄밤이다 봄밤에는 돼지가 자란다
천 마리 만 마리 돼지들이 골목을 쑤시다가
캄캄한 하수구로 흘러드는 봄밤
풀어놓은 돼지들을 모두 잡아 풍선에 매달아 하늘로 띄우고 싶은 봄밤이다

*

얼음토굴에서 곡기를 끊고 수행하던 기간은 끝났다. 저마다 화두를 풀고 한 소식 얻어 하산한다. 붓다가 고행을 멈추고 수자타에게 받았던 것처럼 미음 같은 봄비를 달게 삼킨다. 생선가시처럼 하늘을 찌르던 나무에 푸른 비늘이 돋는다. 잠 깬 다람쥐 궁둥이에 살이 오르고, 반달곰이 쓰러진 나무둥치 체중계에 오른다. 봄은 몸의 계절이다. 살아 있는 것들은 모두 몸 부푼다. 몸 부풀면 맘도 부풀어 천만 마리 돼지들은 꿀꿀꿀 꽃이 된다. 벚꽃 풍선 한 잎에 매달린 돼지들이 둥둥 떠오른다.

5부

복사꽃

송기원

갓난애에게 젖을 물리다 말고
사립문을 뛰쳐나온 갓 스물 새댁,
아직도 뚝뚝 젖이 돋는 젖무덤을
말기에 넣을 새도 없이
뒤란 복사꽃 그늘로 스며드네.
차마 첫정을 못 잊어 시집까지 찾아온
떠꺼머리 휘파람이 이제야 그치네.

*

복사나무는 가지마다 복사꽃이라도 벌 나비가 다 찾은 것은 아니었으리. 벌 나비가 첫정을 주었어도 꽃마다 결실은 어려웠으리. 가녀린 꽃잎에도 빗방울과 바람의 드잡이가 빗겨가진 않았으리. 아낙들은 도화살을 손가락질하였으나 문사들은 '이화에 월백하고' 읊조리면서도 힐끔힐끔 훔쳐보았으리. 뉘라도 도화를 알지 못하면 자손만대 화수花樹의 계보를 잇지 못하였으리. 복사꽃이 해마다 복사빛인 건 작년 분홍이 고스란히 땅속에 묻혔기 때문이리. 낙화처럼 아스라한 첫사랑은 이루지 못해 영원히 기억되리.

한솥밥

문성해

기껏 싸준 도시락을 남편은 가끔씩 산에다 놓아준다
산새들이 와서 먹고 너구리가 와서 먹는다는 도시락

애써 싸준 것을 아깝게 왜 버리냐
핀잔을 주다가
내가 차려준 밥상을 손톱만한 위장 속에 그득 담고
하늘을 나는 새들을 생각한다

내가 몇 시간이고 불리고 익혀서 해준 밥이
날개 죽지 근육이 되고
새끼들 적실 너구리 젖이 된다는 생각이
밥물처럼 번지는 이 밤

은하수 물결이 잔잔히 고이는
어둠 아래
둥그런 등 맞대고
나누는 이 한솥밥이 다디달다

✻

한솥밥 먹는 걸 식구라 하죠. 비금주수飛禽走獸, 지구 생명의 조상은 모두 하나라죠. 당신이 싸준 도시락 덕분에 산새 울음 멀리 번지고, 남편이 놓아준 밥알 덕분에 너구리 엉덩이 실룩실룩 적막한 어느 모퉁이를 웃음 짓게 하겠군요. 설마 그런 모진 사람도 있을까요? 남편이 놓아준 밥 먹은 산새가 안 죽고 과수에 날아올까 봐, 너구리 가족이 불어 가을에 몰려와 고구마 밭 후빌까봐, 저 차가운 밥풀을 발로 뭉갤 사람도 있긴 있을까요? 계절의 봄이 오면 마음의 봄도 같이 올까요?

노래는 아무것도

박소란

폐품 리어카 위 바랜 통기타 한 채 실려 간다

한 시절 누군가의 노래
심장 가장 가까운 곳을 맴돌던 말

아랑곳없이 바퀴는 구른다
길이 덜컹일 때마다 악보에 없는 엇박의 탄식이 새어나
온다

노래는 구원이 아니어라
영원이 아니어라
노래는 노래가 아니고 아무것도 아니어라

다만 흉터였으니
어설픈 흉터를 후벼대는 무딘 칼이었으니

칼이 실려 간다 버려진 것들의 리어카 위에
나를 실어 보낸 당신이 오래오래 아프면 좋겠다

✻

노래가 구원이 아니라고 외치는 걸 보니, 지난 세월 동안 노래가 구원이었군요. 노래가 영원이 아니라고 외치는 걸 보니 노래하는 동안 세상 시름을 잊었군요. 노래가 흉터를 후벼댔다고 외치는 걸 보니, 노래는 새살 돋게 하는 연고였군요. 노래는 아무것도 아니었다고 외치는 걸 보니, 노래가 모든 것이었군요. 사랑하는 사람의 심장 가까운 곳에서 당신이 부를 수 있는 모든 노래를 불렀지만 그를 잡지는 못했군요. 하지만, 당신은 그를 사랑한 동안 이미 모든 걸 얻었죠. 이제 엇박의 자유까지 얻었으니 그가 아닌 자신을 위한 노래를 불러 봐요.

하루의 사용법

조재형

슬픔은 수령하되 눈물은 남용 말 것
주머니가 가벼우면 미소를 얹어 줄 것
지갑을 쫓지도 쫓기지도 말고
안전거리를 확보할 것
침묵의 틈에 매운 대화를 첨가할 것
어제와 비교되며 부서진 나
이웃 동료와 더 견주는 건 금물
인맥은 사람에 국한시키지 말 것
숲 속의 풀꽃 전깃줄의 날개들
지구 밖 유성까지 인연을 넓혀갈 것
해찰을 하는데 1할은 할애할 것
고난은 추억의 사원
시간을 가공 중이라고 자위할 것
돌아오는 길에
낯익은 별들에게 윙크하기 잊지 말 것

*

슬프나 상처받지 않고, 가난하나 미소 잃지 않고, 침묵하나 뜻을 잃지 않고, 어제의 껍질을 부수어 오늘의 말랑함을 얻는 시인의 하루 사용법이로군요. 날마다 늘지만 해마다 잠자는 휴대폰 속 인맥이 아니라, 숲속의 풀꽃과 전깃줄의 새들과 밤하늘의 유성들과 인연을 맺으니 천하가 당신 편이로군요. 내 낯빛 부루퉁할 때에도 별들이 웃은 건 당신이 윙크한 까닭이었군요. 더러 당신이 1할의 해찰로 여념 없을 때 내가 품앗이 윙크하리다.

팔베개

홍해리

아기가 엄마 품에 파고들 듯이
아내가 옆으로 들어와 팔베개를 합니다
그냥 가만히 안고 있으면
따뜻한 슬픔의 어깨가 들썩이다 고요해집니다
깊은 한숨 소리 길게 뱉어내고
아내는 금방 곯아떨어지고 맙니다
마른 빨래처럼 구겨진 채 잠이 듭니다
꽃구름 곱게 피어날 일도 없고
무지개 뜰 일도 없습니다
나도 금세 잠 속으로 잠수하고 맙니다
생生의 무게가 얼마나 되는지 헤아려 보다
가벼워도 무거운 아내의 무게에
슬그머니 저린 팔을 빼내 베개를 고쳐 벱니다

*

솜베개, 나무베개, 보약베개 다 베어봤지만 세상 시름 잊게 하는 것은 오직 팔베개입니다. 당신 품에 들면 다 식은 슬픔조차 따뜻해져서 공연히 마른눈물 부비며 어깨를 들썩여도 봅니다. 깊게 내쉰 안도의 숨이 당신껜 한숨으로 여겨졌군요. 실토하려 했지만 오인誤認의 보상은 더욱 달콤하더군요. 당신은 안쓰러운 듯 등을 토닥여 주었으니까요. 슬그머니 저린 팔 빼내는 것 알았지만 나는 이미 꽃구름 속에 이르렀지요. 당신이 늦게 잠든 새벽녘 나는 깨어 쌀을 씻어 솥에 안칩니다. 무거워도 가벼운 한 생 다시 살아보자구요.

재료들

최영철

어머니를 꽉 쥐면
주르륵 눈물이 쏟아진다
주원료가 눈물이다

사랑을 꽉 쥐어짜면
쓰라리다
주원료가 꺼끌꺼끌한 이별이다

매일매일 적의를 품고 달려드는 삶을 쥐어짜면
비린내가 난다
주원료가 눈이 어두운 물고기다

CT로 가슴을 찍어보면
구멍 뚫린 흰 구름 벌판
주원료가 허공이다

*

걱정 말아요. 눈물은 다시 어머니가 되어 나타날 거예요. 꺼끌꺼끌한 이별은 포근한 사랑이 되어 나타나고, 비린내는 향기로운 삶이 되어 나타날 거예요. 허공은 다시 뜨거운 가슴 드나들며 신생의 투레질을 하구말구요. 슬픔은 남김없이 기쁨이 되고, 아픔은 모두 쾌감이 될 거예요. 생명의 재료는 허망하지만 완성품은 경이롭죠. 바퀴벌레도, 민들레도, 석가모니도, 간디도 똑같은 품질의 산소와 탄소와 수소를 썼다는군요. 아무것도 아닌 것들의 찬란함과 찬란했던 것들의 비천함이여.

나는 가끔 주머니를 어머니로 읽는다
박남희

어머니를 뒤지니 동전 몇 개가 나온다
오래된 먼지도 나오고
시간을 측량할 수 없는 체온의 흔적과
오래 씹다가 다시 싸둔
눅눅한 껌도 나온다

어쩌다, 오래 전 구석에 처박혀 있던
어머니를 뒤지면
달도 나오고 별도 나온다
옛날이야기가 줄줄이 끌려나온다

심심할 때 어머니를 홀러덩 뒤집어보면
온갖 잡동사니 사랑을 한꺼번에 다 토해낸다

뒤집힌 어머니의 안쪽이 뜯어져
저녁 햇빛에
너덜너덜 환하게 웃고 있다

*

주머니를 어머니로 읽으니 어머니가 이렇게 가깝구나. 바지 옆에도, 뒤에도, 셔츠에도, 양복저고리에도 꼼꼼히 파견 나와 계시는구나. 손수건도 나오고 지갑도 나오고 비상금도 나오는구나. 아무것도 없을 땐 시린 손 넣기만 해도 갑북갑북 따뜻한 온기 전해 주는구나. 뒤지면 뒤질수록 나오는 주머니는 어머니를 닮았구나. 시인은 가끔 주머니를 어머니로 읽는다지만, 우리 모두 어머니를 주머니로 읽는 경우가 더 많지는 않았는가? 이번 추석에도 슈퍼문보다 더 큰 어머니 마음을 보따리마다 바리바리 싸 들고 오지 않았는가?

이사

서수찬

전에 살던 사람이 버리고 간
헌 장판지를 들추어내자
만 원 한 장이 나왔다
어떤 엉덩이들이 깔고 앉았을 돈인지는 모르지만
아내에겐 잠깐 동안
위안이 되었다
조그만 위안으로 생소한
집 전체가 살만한 집이 되었다
우리 가족도 웬만큼 살다가
다음 가족을 위해
조그만 위안거리를 남겨 두는 일이
숟가락 하나라도 빠뜨리는 것 없이
잘 싸는 것보다
중요한 일인 걸 알았다
아내는
목련나무에 긁힌
장롱에서 목련향이 난다고 할 때처럼
웃었다

✻

앞산에 참나무가 푸른 건 다람쥐들의 건망증 때문이라죠? 지난 가을 묻어둔 도토리를 다 찾아먹지 못해 싹튼 거라죠? 건망증 때문이 아닌지도 몰라요. 이사 올 후손 위해 나뭇잎 장판 속에 묻어놓고 떠난 건지도 몰라요. 우주의 한 모퉁이 태양계의 달동네에 살고 있는 지구별 주민들은 후손을 위해 무엇을 묻어두고 있나요? 에너지 고갈과 기후변화와 멸종과 무서운 폐기물 말고 어떤 조그만 위안거리를 남겨두고 있나요? 목련나무에 긁힌 장롱에서 목련향이 난다고 웃는 시인의 아내여, 슬픔도 향이 나는 그 마음이야말로 장판 밑에 두고 가셔요.

어깨의 쓸모
주용일

어스름녘,
일을 끝내고 돌아가는 버스 안에서
꾸벅꾸벅 졸다가 어깨에 얹혀 오는
옆 사람의 혼곤한 머리,
나는 슬그머니 어깨를 내어준다
항상 허세만 부리던 내 어깨가
오랜만에 제대로 쓰였다
그래, 우리가 세상을 함께 산다는 건
서로가 서로의 어깨에
피로한 머리를 기댄다는 것 아니겠느냐
서로의 따뜻한 위로가 된다는 것 아니겠느냐

*

만약 어떤 아가씨가 공손히 절하며 '아저씨 세 정거장만 졸게 어깨 좀 빌려 주세요.' 요청했다면 당신이 어깨를 내어 주었을까? 어깨가 떡 벌어진 거한이 눈 부라리며 '거 종점까지 어깨 좀 빌립시다.' 했어도 당신이 어깨를 순순히 내어 주었을까? 허락도 구하지 않고 무단히 쏟아져 내린 머리를 밀어내지 않는 까닭은 무엇 때문일까? 도리어 발끝에 힘주고 척추를 꼿꼿이 세워 떠받친 이유는 무엇 때문일까? 기대면 버텨주는 오랜 유전의 믿음은 무엇 때문일까? 기껏 새싹이 올라온다고 천 근 바위가 슬몃 엉덩이 비켜주는 까닭은 무엇 때문일까?

봄

송진권

팔자를 고쳐 달아난 여자를 좇아
천릿길을 걸어왔다
실뭉치 풀어 굴리며
요강뚜껑 굴리며
감발하고 괴나리봇짐 메고
봉두난발 폐포파립 흉중에 칼을 품고
핏발선 눈으로
제비꽃에 눈 흘기고
꽃다지를 짓뭉개고
물어물어 찾아온 여자가 산다는 집
곱게 비질된 마당
가지런히 벗어둔 신발이 두 켤레
빨랫줄 가득 펄럭이며 날리는 기저귀
갓난것이 우는 소리
여자의 웃음소리에 섞인
굵은 남자의 목소리
밥숟가락 부딪는 소리

고샅 살구나무에 살구꽃만 피워놓고
뒤안 자두나무에 흰 자두꽃만 피워놓고
흉중의 칼은 물에 가라앉히고
실뭉치 헝클어뜨리고
요강뚜껑 던져버리고
나는 돌아왔다

✻

그래요, 나 팔자 고쳤어요. 당신은 겨우내 집 나가고, 눈보라는 치고, 문풍지는 떨고, 움 무는 바람나고, 통가리 고구마는 썩고, 싸리 곳감은 바닥났죠. 보따리 싸들고 물어물어 꽃피는 마을 찾아왔죠. 봐요, 이게 봄이죠. 봄은 세상천지 모두 팔자 고친 것들이죠. 살구꽃도 자두꽃도 새소리도 해마다 새로 피죠. 삽짝 앞에 요강뚜껑 주워들고 당신 왔다 간 줄 알았어요. 당신도 그만 녹슨 고드름 칼 집어던지고 봄물 되어 출렁이셔요, 한때 내 사랑이었던 동장군아.

옛일

신미나

해마다 잊지도 않고 공양하나
저 꽃들, 보노라니
어쩌나
죽어도 너를 못 잊는다는 약속은
거짓이었어라

너 없어도 찢어진 살 위에 새살 돋고
밑이 젖는 내 몸 봐라
어쩌나
향불 한 올 피우지 못하고
너는 이제 강가에 던진 돌이나 되었는데

내 슬픔만으로 꽃 모가지 하나 꺾을 수 있느냐
산비알에 독짝 하나 굴릴 수 있겠느냐

내가 너를 어찌 잊어
어찌 잊을 수가 있어

지글자글 타는 자갈밭 맨발로 걸으며
울던 내 낮도 옛일, 다 옛일

✻

나는 강가에 던져진 돌이나 되어 여름내 굴렀다. 아픈 모서리마다 닳아서 조약돌이 되었다. 그대는 나 없어도 새살이 돋고, 나 없어도 맘이 젖는다면서도 강가에 와서 자그락거렸다. 나도 물살이 멈추면 함께 멈추어 그대를 생각하지만, 격류가 흘러 다시 구르면 오직 내 아픔만으로도 울기에 충분하였다. 바위 아니었던 맹세 없고, 꽃 아니었던 사랑 없더라. 하지만 부서지고 썩어도 아주 잊지 못해 해마다 공양하더라. 싱싱한 별리를 위하여 다시 굳고 다시 붉더라. 나는 너를, 너는 나를 다시 피우더라. 모든 옛일이 내일이더라.

화인火印

이경

어린 매화나무에게 봄을 뺏는다

첫 꽃을 따 주어야 나무가 장수한다는 말에
젖 몽우리같이 만지면 아픈 꽃을
맨손으로 훑는다

눈을 질끈 감아라
이 아픔으로 먼 길 가거라
첫사랑을 바쳐 얻는 길고 튼튼하고 지루한 사랑을 위해
달군 혀로 상처 속에 새겨 넣은 말

사랑은 짧고 삶은 길지니
사랑이 버리고 간 삶을 버리지 못하리

*

누군들 사랑이 길고 삶이 짧기를 바라지 않았으랴. 아니, 삶도 길고 사랑도 그만큼 길기를 꿈꾸지 않았으랴. 그러나 사랑은 언제나 봄꽃처럼 지고 삶은 줄기처럼 남는다. 사랑이 떠난 지루한 나날 속에 익는 열매는 어쩌면 울음의 덩어리인지도 모른다. 사랑을 보내고 긴 삶을 버리지 못하는 아픔, 봄마다 어린 죽음을 보내고 고목으로 남은 슬픔. 누구나 제 지루한 삶의 곡비哭婢인지도 모른다. 제 삶에 주어진 쓰디쓴 울음 다 울고 나서야 비로소 열매 한 알 남기는 것이다. 저만치 사랑을 끝낸 당신이 바구니를 들고 온다. 왼발의 사랑과 오른발의 삶으로 짝발처럼 절룩거리며.

누에
나희덕

세 자매가 손을 잡고 걸어온다

이제 보니 자매가 아니다
꼽추인 어미를 가운데 두고
두 딸은 키가 훌쩍 크다
어미는 얼마나 작은지 누에 같다
제 몸의 이천 배나 되는 실을
뽑아낸다는 누에
저 등에 짊어진 혹에서
비단실 두 가닥 풀려나온 걸까
비단실 두 가닥이
이제 빈 누에고치를 감싸고 있다

그 비단실에
내 몸도 휘감겨 따라가면서
나는 만삭의 배를 가만히 쓸어안는다

*

당신들 가까워질 때마다 세 번이나 마음의 온도가 바뀌었습니다. 멀리 다정한 세 자매로 보일 때 흐뭇하더니, 가까이 세 자매가 아니라는 걸 깨닫자 먹먹했지요. 하지만 두 딸이 해바라기처럼 곧게 솟은 모습 보고 기뻐서 내심 만세를 불렀어요. 생전에 허리 굽은 노모가 저와 함께 걸을 때 하신 말씀 생각납니다. '어찌 작은 내 속에서 이렇게 큰 네가 나왔누? 내가 농사 참 잘 지었지?' 나는 오목눈이 둥지에서 자란 뻐꾸기처럼 미안하고 으쓱했지요. 만삭의 어머니여, 여자는 아이 낳을 적마다 서 말 석 되 피를 흘리고, 여덟 섬 너 말 젖을 먹인다지요. 나방이 빠져나간 빈 고치를 봅니다. 그가 날아가는 너른 하늘은 그 어미의 유산입니다.

구두 닦는 소년

정호승

구두를 닦으며 별을 닦는다.
구두통에 새벽별 가득 따 담고
별을 잃은 사람들에게
하나씩 골고루 나눠 주기 위해
구두를 닦으며 별을 닦는다.
하루 내 길바닥에 홀로 앉아서
사람들 발 아래 짓밟혀 나뒹구는
지난 밤 별똥별도 주워서 닦고
하늘 숨은 낮별도 꺼내 닦는다.
이 세상 별빛 한손에 모아
어머니 아침마다 거울을 닦듯
구두 닦는 사람들 목숨 닦는다.
목숨 위에 내려앉은 먼지 닦는다.
저녁별 가득 든 구두통 메고
겨울밤 골목길 걸어서 가면
사람들은 하나씩 별을 안고 돌아가고
발자국에 고이는 별바람 소리 따라
가랑잎 같은 손만 굴러서 간다.

*

당신, 손 좀 내밀어 봐요. 이토록 추운 겨울밤에도 별이 빛나는 건 그걸 닦는 소년이 있기 때문이라는군요. 일과 술에 취한 구둣발들에게 돌아갈 길을 가리켜주던 개밥바라기별도, 새벽에 눈뜬 사람에게 희망을 비추어주던 새벽별도 글쎄 누군가 그걸 닦아놓은 때문이라는군요. 돌부리를 걷어차고, 토사물을 밟고, 먼지를 뒤집어썼던 구두코가 반짝반짝 루돌프 사슴 코처럼 빛나는군요. 구두와 별이 빛날수록 누군가의 손등이 터져 가랑잎처럼 굴러간다는구려. 당신, 손 좀 내밀어 봐요. 저 많은 별을 소년이 혼자서 다 닦았을 리 없어요.

사랑
이성선

더러운 내 발을 당신은
꽃잎 받듯 받습니다

나는 당신에게 흙자국을 남기지만
당신 가슴에는 꽃이 피어납니다

나는 당신을 눈물과 번뇌로 지나가고
당신은 나를 사랑으로 건넙니다

당신을 만난 후 나는 어려지는데
나를 만난 당신은 자꾸 늙어만 갑니다

*

더럽다니 네 발은 본래 꽃잎이었단다. 네가 남긴 건 흙자국이 아니라 꽃씨였단다. 너는 눈물과 번뇌라지만 내겐 웃음과 희망이었다. 나는 자꾸만 허리 굽어도 네 무릎 뼈 굵어 천하를 떠받치길 바랐다. 모든 어미는 자식의 이름으로 다시 젊어진단다. 그러니 미안해하지 마라. 아직 내 손아귀 정맥 포도넝쿨처럼 푸르고, 내 가슴바다 네 눈물과 번뇌 받아줄 만큼 너르다. 돌아와라, 아가야. 네 발 받아줄 두 손 허공을 쥐고, 네 흙자국 받아줄 가슴 하릴없이 고동친다. 구름 뒤에 숨어 바람처럼 흩어지는 어린 그림자들아, 머리카락 보인다.

발자국

김완하

너는 항시 뒤에 남아
길 위에서 생을 마친다
네 온기를 남김없이 길 위에 비운다

마을 하나에 닿기까지
우리는 얼마나 많은 너의 목숨을
길 위에 뉘어야 하는가

어두워 집에 돌아온 밤
부르튼 발 씻으며
그제야 나는 바닥에 가 닿는다

돌아보면 내 몸 구석구석
네 그리움으로 키운 길이 있다
발자국이여,
네가 먼저 마을에 가 닿았구나

*

항시 뒤에 남지만 항시 먼저 디뎠던 자국이다. 발자국은 살아 있는 존재가 남기는 필연의 흔적이다. 천 년 바위도 구르기 전까지는 한 발자국도 남기지 못한다. 사람은 두 발로, 호랑이는 네 발로, 지렁이는 온 몸으로 남긴다. 발자국은 새로운 세상으로 갈 때마다 제출하는 이력서요, 자서전이다. 발자국은 곧 그 사람이다. 발바닥의 모습을 한 마음의 지문이다. 망설임과 두려움과 설렘이 고스란히 새겨져 있다. 종종종종, 휘적휘적, 비틀비틀, 뚜벅뚜벅, 자박자박, 성큼성큼- 당신은 어떤 의태어로 하루를 건널 것인가?

추천사

– 나태주 시인

– 이형권 문학평론가, 한국시학회 회장

– 장옥관 시인

– 정호승 시인

– 문정희 시인

추천사

반칠환 시인은 일찍이 짧은 시를 잘 쓰는 시인으로 이름을 날렸던 시인이다. 시는 본래가 짧은 형식의 문학 작품이지만 정작 시를 짧게 쓰기는 그다지 쉬운 일은 아니다. 일단은 말을 삼킬 줄 아는 능력이 필요하다. 그리고 짧고 단도직입적인 몇 마디 단어나 문장으로 웅숭깊은 내용을 대신할 줄 아는 마음의 능력이 필요하다. 말하자면 빙산의 몸통을 숨기고 그 일각一角만을 드러낼 줄 아는 표현의 능청이 있어야 한다는 말이다.

그러한 반칠환 시인이 한 시절, 중앙의 일간지에 시 큐레이터로 활약한 시기가 일찍이 있었다는 말을 들었다. 바로 이 책에 모은 시편들이 그 증거품이다. 대략, 시인의 명단을 살피니 비교적 신선한 시인들, 세상에 때 묻지 않은 시인의 시들을 주로 모아 해설한 것으로 보인다. 실은 이것도 집필자의 의도요 하나의 시관詩觀이요, 집필 방향이라 할 것이다. 그런 만큼 이 책은 매우 풋풋한 느낌을 준다. 그것은 나에게만 그런 게 아니라 독자분들에게 그러리라고 본다.

부디, 하루하루 낡아가는 말기의 지구 위에서 고달프게 살아가는 독자분들에게 이 시집에 실린 시들이 소생의 기쁨을 주고, 반칠환 시인의 친절하면서도 선명한 시 감상이 한없이 부드럽고 깊은 삶의 위로와 축복을 함께 선사해 줄 것으로 믿고, 기대한다.

나태주 시인

코스요리처럼, 맛있는 시 한 편 읽고 나니, 또 맛있는 한 편의 시가 따라 나온다. 반칠환의 시 해설은 한 편의 시다.

이형권 문학평론가, 한국시학회 회장

태어나자마자 여생餘生이었던 이의 촌철살인 시평; '밥'이란 글자에 들어있는 공기 두 개에서 배고픈 'ㅏ'의 모음을 찾는 곡진한 혜안慧眼이여!

장옥관 시인

이 시집은 우리를 시의 고향으로 데리고 가, 마루 끝에 앉아 먼 하늘을 바라보는 어머니를 만나게 한다.

정호승 시인

자유로운 야생의 시각으로 시를 선택하고 시속에 팔딱이는 생명의 약동을 섬세하게 투시한 탁월한 시 해설집이다.

문정희 시인

반 칠 환

1964년 충북 청주에서 태어나 청남초등학교와 중앙대학교 문예창작학과를 졸업했다. 1992년《동아일보》신춘문예 시 부문으로 등단했으며, 2002년에 서라벌 문학상, 2004년 자랑스런 청남인상을 수상했다. 시집으로『뜰채로 죽은 별을 건지는 사랑』『웃음의 힘』『전쟁광 보호구역』, 시선집으로『누나야』『새해 첫 기적』, 사화집으로『일편단시 일편단심』, 시 해설집으로『내게 가장 가까운 신, 당신』『꽃술 지렛대』『뉘도 모를 한때』, 인터뷰집으로『책, 세상을 훔치다』등이 있다. 2003년부터《동아일보》'이 아침에 만나는 시'를 비롯, 현재《서울경제신문》'수요일에 만나는 시'에 이르기까지 20여 년째 명시 배달부로 활동하고 있다. 이 시집의 시「노랑제비꽃」이 중학교 교과서에 수록되었고,「새해 첫 기적」이 2012년 '광화문 겨울 글판 문안(교보빌딩)'에 선정되었다. 현재는 시와 산문을 쓰며, 생태 숲해설가로 활동하고 있다.

이메일 van7-7@hanmail.net

당신의 짐이 당신의 날개

초판 1쇄　2026년 1월 27일
지 은 이　반칠환
펴 낸 곳　도서출판 지혜
계간시전문지 애지
기획위원　반경환

주　　소　34624 대전광역시 동구 태전로 57, 2층
도서출판 지혜
전　　화　042-625-1140
팩　　스　042-627-1140
전자우편　eji@ji-hye.com
ejisarang@hanmail.net
애지카페　cafe.daum.net/ejiliterature

ISBN　979-11-5728-599-0 (03810)
값　13,000원

* 이 도서는 2025년 문화체육관광부의 '중소출판사 도약부문 제작지원' 사업의 지원을 받아 제작되었습니다.

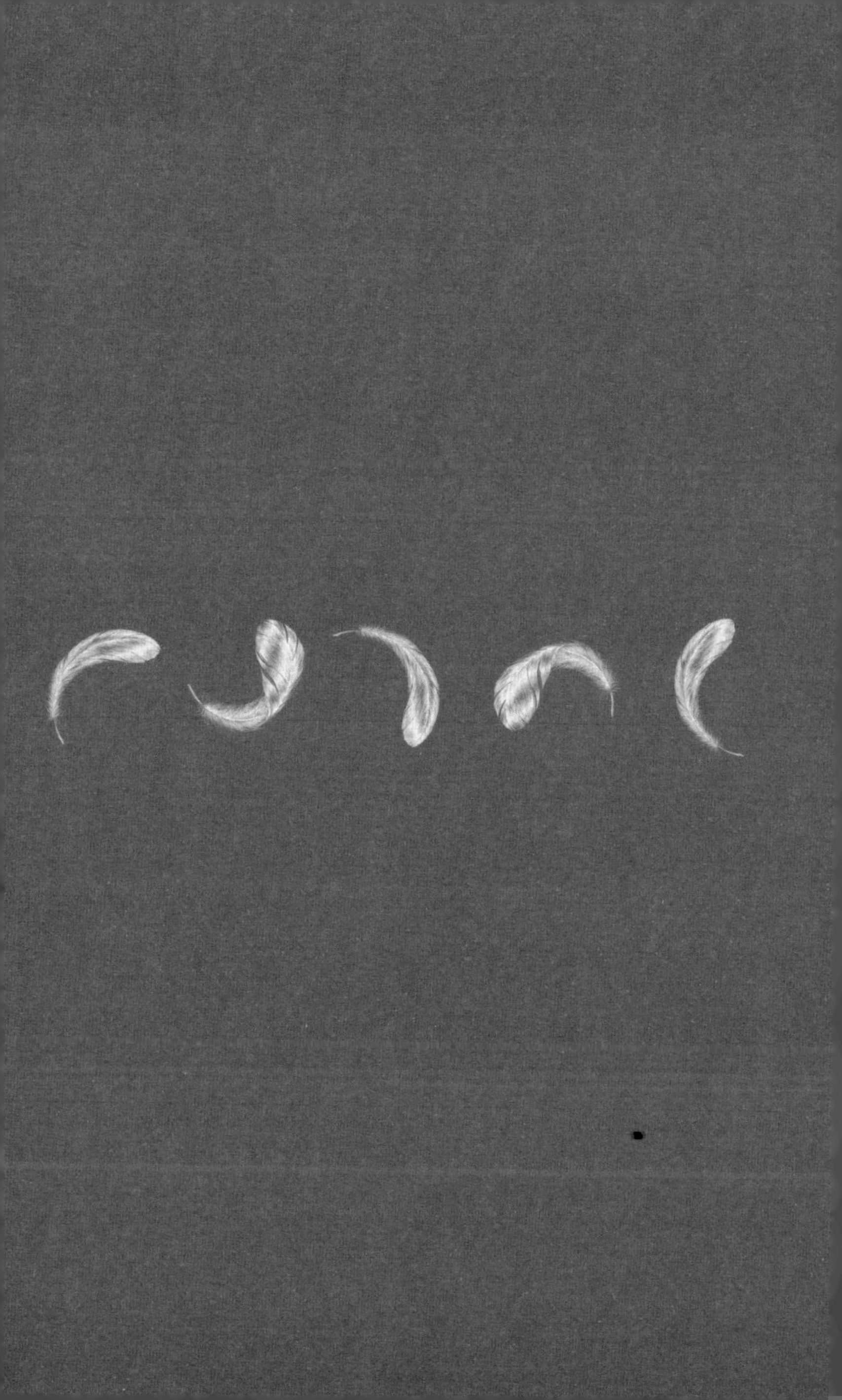

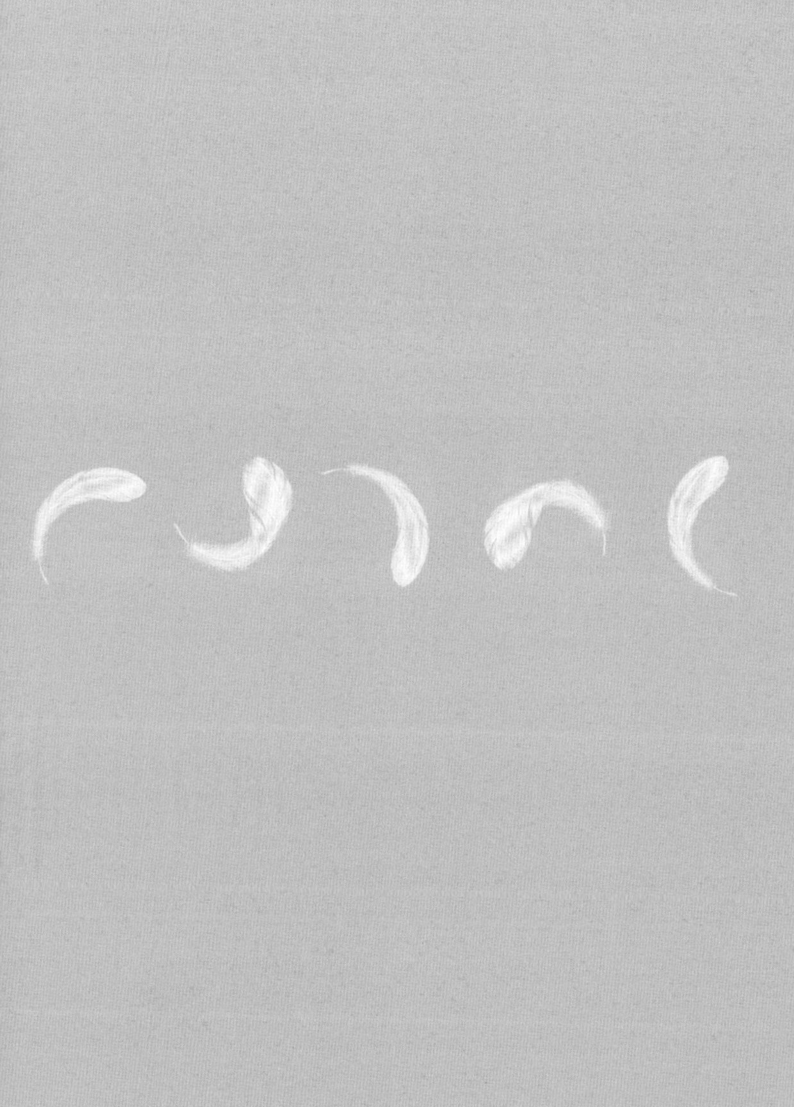